KB273993

もりもり 일본어

1

이 윤 진 · 송 경 주

　본 교재를 편찬할 때 어떻게 하면 좀 더 일본어를 처음 시작하는 학생들이 쉽게 다가 갈 수 있을지 고민을 많이 했습니다. 현장에서 많은 학생들을 가르치면서 학생들에게 문법을 쉽게 익히게 하고 일본어를 체계적으로 이해하는 훈련을 시키는 교재가 필요하다고 느꼈습니다.

　한국어와 일본어는 영어와 중국어와 달리 어순이나 조사의 위치 등 문장의 구성 양식 및 문법 구조가 비슷하고, 게다가 동일 한자 문화권이라는 점 등 여러 면에서 많은 유사점을 보이고 있습니다. 이러한 지나친 유사점이 강조된 나머지 한·일 양 언어의 모든 것이 대응하는 것으로 오해하시는 분들이 적지 않습니다. 그로 인해 학습자들은 일본어는 쉽게 숙지할 수 있는 언어라고 생각하는 것 같습니다. 그러나 오히려 이러한 많은 유사성으로 인해 한·일 언어가 갖는 미묘한 차이점을 간과하는 경우가 종종 눈에 띕니다. 이 차이점을 이해하지 않고서는 아무리 일본어 공부를 많이 한다 해도 자연스럽고 바른 일본어를 구사할 수는 없습니다. 아무리 유사점이 많다 하더라도 외국어로서의 일본어를 공부하기 위해서는 일본어의 언어 체계를 정확히 파악하고 이해하는 것이 중요합니다. 일본어 학습 과정, 특히 초급 단계에서 이러한 언어 체계의 파악과 이해를 위해서는 무엇보다 문법 사항에 대한 학습이 선행되어야 할 것입니다.

　이에 따라 본 교재의 구성은 학습자와 강의하시는 분을 위해 먼저 각 과에서 배울 문법을 중심으로 한 회화문인「기본회화」, 회화문에서 나왔던 문법을 자세히 공부하는「문법 포인트」, 이러한 내용을 습득하고 최종적으로 마무리하는「연습문제」순으로 구성하였습니다. 비교적 간단한 체제로 되어 있지만, 일본어를 처음 접하는 학생들을 위해서 꼭 필요한 핵심적인 부분을 명시해 놓았습니다.

　표기법은 일본어는 일본어로 배운다는 원칙 아래 한자와 平仮名(ひらがな), 片仮名(かたかな)를 사용하였으며, 한자에는 학습자의 편의를 위해 ふりがな(한자발음)를 달았습니다.

　이 교재를 끝마친다고 해서 일본인처럼 자유자재로 일본어를 구사할 수는 없겠지만, 적어도 이 교재를 배운 단계에서는, 이전 보다 학생들이 일본어에 대해 흥미를 가지고, 좀 더 깊이 배우고 싶은 언어가 되었으면 하는 것이 저자의 소박한 마음입니다.

　아무쪼록 본 교재로 일본어를 학습하는 여러분들의 실력이 향상되기를 바라며, 조금이라도 도움이 되었으면 하는 바람입니다. 감사합니다.

2018년

이윤진 · 송경주

もりもり 일본어

1

01 과

문자와 발음

1 히라가나(ひらがな)

	あ行	か行	さ行	た行	な行	は行	ま行	や行	ら行	わ行	
あ段	あ a	か ka	さ sa	た ta	な na	は ha	ま ma	や ya	ら ra	わ wa	ん n
い段	い i	き ki	し si	ち chi	に ni	ひ hi	み mi		り ri		
う段	う u	く ku	す su	つ tsu	ぬ nu	ふ hu	む mu	ゆ yu	る ru		
え段	え e	け ke	せ se	て te	ね ne	へ he	め me		れ re		
お段	お o	こ ko	そ so	と to	の no	ほ ho	も mo	よ yo	ろ ro	を wo	

(1) 청음(清音)

- 일본어의 모음, 우리말 '아/이/우/에/오'에 가깝다.

あ [a]	い [I]	う [u]	え [e]	お [o]
あい 사랑	いぬ 개	うえ 위	えき 역	おい 조카

か [ka]	き [ki]	く [ku]	け [ke]	こ [ko]
かお 얼굴	かき 감	くり 밤	いけ 연못	こま 팽이

さ [sa]	し [si]	す [su]	せ [se]	そ [so]
さる 원숭이	しか 사슴	すし 초밥	せき 자리	うそ 거짓말

た [ta]	ち [chi]	つ [tsu]	て [te]	と [to]
たぬき 너구리	ちち 아버지	つくえ 책상	てんき 날씨	とり 새

な [na]	に [ni]	ぬ [nu]	ね [ne]	の [no]
なす 가지	あに 형,오빠	いぬ 개	ねこ 고양이	きのこ 버섯

は [ha]	ひ [hi]	ふ [hu]	へ [he]	ほ [ho]
はさみ 가위	ひよこ 병아리	ふね 배	へや 방	ほし 별

ま [ma]	み [mi]	む [mu]	め [me]	も [mo]
うま 말	みかん 귤	むし 벌레	め 눈	もち 떡

や [ya]		ゆ [yu]		よ [yo]
やかん 주전자		ゆき 눈		よやく 예약

ら [ra]	り [ri]	る [ru]	れ [re]	ろ [ro]
らいねん 내년	りす 다람쥐	るす 부재	れんらく 연락	ろうそく 촛불

わ [wa]				を [wo]
わたし 나,저				を ~을/를

ん [n]			
きん 금			

(2) 탁음(濁音)

- 「か/さ/た/は」행 글자 오른 쪽 상단에 탁점 [゛]를 붙여 탁음을 만드는
  데 [゛]이 탁음 부호를 「니고리(にごり)」라 한다.

が [ga]	ぎ [gi]	ぐ [gu]	げ [ge]	ご [go]
かがみ 거울	うさぎ 토끼	かぐ 가구	げた 나막신	えいご 영어

ざ [za]	じ [ji]	ず [zu]	ぜ [ze]	ぞ [zo]
ざる 소쿠리	ひじ 팔꿈치	ちず 지도	かぜ 바람	かぞく 가족

だ [da]	ぢ [ji]	づ [zu]	で [de]	ど [do]
だいこん 무	はなぢ 코피	こづつみ 소포	そで 소매	ぶどう 포도

ば [ba]	び [bi]	ぶ [bu]	べ [be]	ぼ [bo]
かばん 가방	えび 새우	ぶた 돼지	べんとう 도시락	ぼうし 모자

(3) 반탁음(半濁音)

「は행」오른쪽 상단에 반탁음 부호 [゜] 표기.

ぱ [pa]	ぴ [pi]	ぷ [pu]	ぺ [pe]	ぽ [po]
はっぱ 잎	ぴかぴか 반짝반짝	せんぷうき 선풍기	ほっぺた 볼,빰	ちゃんぽん 짬뽕

(4) 요음(拗音)

　- 반모음 「や·ゆ·よ」가 다른 글자와 함께 쓰여, 그 글자와 함께 발음
　　은 1음절로 하며 「や、ゆ、よ」는 작게 표기한다.

　① 청음의 요음

	き[ki]	し[shi]	ち[chi]	に[ni]	ひ[hi]	み[mi]	り[ri]
や[ya]	きゃ [kya]	しゃ [sya]	ちゃ [cha]	にゃ [nya]	ひゃ [hya]	みゃ [mya]	りゃ [rya]
ゆ[yu]	きゅ [kyu]	しゅ [syu]	ちゅ [chu]	にゅ [nyu]	ひゅ [hyu]	みゅ [myu]	りゅ [ryu]
よ[yo]	きょ [kyo]	しょ [syo]	ちょ [cho]	にょ [nyo]	ひょ [hyo]	みょ [myo]	りょ [ryo]

　② 탁음, 반탁음의 요음

	ぎ[gi]	じ[ji]	ぢ[ji]	び[bi]	ぴ[pi]
や[ya]	ぎゃ [gya]	じゃ [ja]	ぢゃ [ja]	びゃ [bya]	ぴゃ [pya]
ゆ[yu]	ぎゅ [gyu]	じゅ [ju]	ぢゅ [ju]	びゅ [byu]	ぴゅ [pyu]
よ[yo]	ぎょ [gyo]	じょ [jo]	ぢょ [jo]	びょ [byo]	ぴょ [pyo]

(5) 촉음(促音)

　- 청음 つ를 작게 써서 표기. → っ 뒷 발음의 자음이 앞 발음의 반침이
　　되고, 뒤에 오는 발음은 약간 세진다. 엑센트는 앞에 온다.

① 'ㄱ'받침 : か행 앞에서

　いっき[ikki] 단숨에 마심. 원샷　/　こっか[kokka] 국가

② 'ㅅ'받침 : さ행 앞에서

　ざっし[zassi] 잡지　/　いっさい[issai] 한 살

③ 'ㅌ'받침 : た행 앞에서

　いったい[ittai] 도대체　/　きって[kitte] 우표

④ 'ㅍ'받침 : ぱ행 앞에서

　きっぷ[kippu] 표　/　いっぱい[ippai] 한 잔

(6) ん발음(撥音)

- 우리말의 ㄴ / ㅁ / ㅇ 받침과 같은 역할을 한다. 단, 뒤에 오는 음에 따라 발음이 조금씩 달라진다.

① [m] 발음 :ん뒤에 ま・ば・ぱ행이 올 때 → ㅁ
　さんぽ[sampo]: 산책　　あんま[amma]: 안마
　しんぴ [simpi]: 신비　　うんめい[ummei]: 운명

② [n] 발음 :ん뒤에 さ・ざ・た・だ・な・ら행이 올 때 → ㄴ
　あんない[annai]: 안내　/　けんり[kenri]: 권리
　はんたい[hantai]: 반대 /　おんち[onchi]: 음치

③ [ŋ]발음 :ん뒤에 か・が 행이 올 때 → ㅇ
　かんこく[kaŋkoku]: 한국　/　おんがく[oŋgaku]: 음악
　りんご[riŋgo]: 사과　/　げんき[geŋki]: 건강함

④ [N]발음 : ん뒤에 あ・は・や・わ행이 올 때나 문장 맨 끝에 올 때
　　　→ㄴ과 ㅇ의 중간 발음
　　ほん[ho**N**]: 책　/　にほん[niho**N**]: 일본　/　でんわ[de**N**wa]: 전화

(7) 장음(長音)

- 같은 모음을 두 박으로 길게 늘여 발음 한다. 가타카나 장음은 「一」
　으로 표기.

① あ단 + あ → [a:]
　　おば**あ**さん(할머니)　　★ おばさん(아주머니)　おかあさん(어머니)

② い단 + い → [i:]
　　おじ**い**さん(할아버지)　★ おじさん(아저씨)　いい(좋다)

③ う단 + う → [e:]
　　ゆ**う**き(용기)　　　　　★ ゆき(눈)　ひこうき(비행기)

④ え단 + え/い → [e:]
　　ゆ**う**めい(유명)　　　　★ ゆめ(꿈)　せんせい(선생님)

⑤ お단 + お/う → [o:]
　　お**お**い(많다)　　　　　★ おい(조카)　おとうさん(아버지)

 **히라가나 연습**

あ					か				
い					き				
う					く				
え					け				
お					こ				

さ					た				
し					ち				
す					つ				
せ					て				
そ					と				

な					は				
に					ひ				
ぬ					ふ				
ね					へ				
の					ほ				

ま					や				
み									
む					ゆ				
め									
も					よ				

ら					わ				
り									
る					を				
れ									
ろ					ん				

2 가타카나(カタカナ)

	ア行	カ行	サ行	タ行	ナ行	ハ行	マ行	ヤ行	ラ行	ワ行	
ア段	ア a	カ ka	サ sa	タ ta	ナ na	ハ ha	マ ma	ヤ ya	ラ ra	ワ wa	ン n
イ段	イ i	キ ki	シ si	チ chi	ニ ni	ヒ hi	ミ mi		リ ri		
ウ段	ウ u	ク ku	ス su	ツ tsu	ヌ nu	フ hu	ム mu	ユ yu	ル ru		
エ段	エ e	ケ ke	セ se	テ te	ネ ne	ヘ he	メ me		レ re		
オ段	オ o	コ ko	ソ so	ト to	ノ no	ホ ho	モ mo	ヨ yo	ロ ro	ヲ wo	

(1) 청음(清音)

ア [a]	イ [I]	ウ [u]	エ [e]	オ [o]
アイス 아이스	イアリング 귀걸이	ソウル 서울	エアコン 에어콘	オレンジ 오렌지

カ [ka]	キ [ki]	ク [ku]	ケ [ke]	コ [ko]
カメラ 카메라	スキー 스키	クリスマス 크리스마스	ケーキ 케잌	コーヒー 커피

サ [sa]	シ [si]	ス [su]	セ [se]	ソ [so]
サイン 사인	システム 시스템	スキー 스키	セーター 스웨터	ソース 소스

タ [ta]	チ [chi]	ツ [tsu]	テ [te]	ト [to]
タオル 타올	チキン 치킨	ツアー 투어	テレビ TV	トマト 토마토

ナ [na]	ニ [ni]	ヌ [nu]	ネ [ne]	ノ [no]
バナナ 바나나	テニス 테니스	カヌー 카누	ネクタイ 넥타이	ノート 노트

ハ [ha]	ヒ [hi]	フ [hu]	ヘ [he]	ホ [ho]
ハム 햄	ヒーター 히터	フランス 프랑스	ヘア 헤어	ホテル 호텔

マ [ma]	ミ [mi]	ム [mu]	メ [me]	モ [mo]
マナー 매너	ミルク 우유	ホームラン 홈런	メロン 메론	モノレール 모노레일

ヤ [ya]		ユ [yu]		ヨ [yo]
ダイヤモンド 다이아몬드		ユニホーム 유니폼		ヨガ 요가

ラ [ra]	リ [ri]	ル [ru]	レ [re]	ロ [ro]
ラーメン 라면	リボン 리본	ルール 규칙	レモン 레몬	ロープ 로프

ワ [wa]				ヲ [wo]
ワールド 세계				

ン [n]				
ペン 펜				

(2) 탁음(濁音)

ガ [ga]	ギ [gi]	グ [gu]	ゲ [ge]	ゴ [go]
ザ [za]	ジ [ji]	ズ [zu]	ゼ [ze]	ゾ [zo]
ダ [da]	ヂ [ji]	ツ [zu]	デ [de]	ド [do]
バ [ba]	ビ [bi]	ブ [bu]	ベ [be]	ボ [bo]

(3) 반탁음(半濁音)

パ [pa]	ピ [pi]	プ [pu]	ペ [pe]	ポ [po]

 **가타카나 연습**

ア					カ				
イ					キ				
ウ					ク				
エ					ケ				
オ					コ				

サ					タ				
シ					チ				
ス					ツ				
セ					テ				
ソ					ト				

ナ					ハ				
ニ					ヒ				
ヌ					フ				
ネ					ヘ				
ノ					ホ				

ラ					ワ				
リ									
ル					ヲ				
レ									
ロ					ン				

マ					ヤ				
ミ									
ム					ユ				
メ									
モ					ヨ				

memo

はじめまして

기본회화 

山田（やまだ）　はじめまして、私（わたし）は　山田（やまだ）と　申（もう）します。

イ　　はじめまして、私（わたし）は　イ・ユミです。

　　　どうぞ　よろしく　お願（ねが）いします。

山田（やまだ）　こちらこそ　どうぞ　よろしく　お願（ねが）いします。

イ　　山田（やまだ）さんは　学生（がくせい）ですか。

山田（やまだ）　いいえ、わたしは　学生（がくせい）では　ありません。会社員（かいしゃいん）です。

낱말과 표현

- 私(わたし) 나
- 山田(やまだ) 야마다
- ～と 申(もう)します ～라고 합니다
- どうぞ よろしく お願(ねが)いします
  잘 부탁 합니다
- こちらこそ 저야말로
- ～さん ～씨
- 学生(がくせい) 학생
- いいえ 아니요
- 会社員(かいしゃいん) 회사원

문법포인트

1 인칭대명사

1 인칭	わたし(나, 저) / ぼく(나)
2 인칭	あなた(당신) / きみ(자네, 너)
3 인칭	かれ(그) / かのじょ(그녀) / あのひと(그 사람)
부정칭	だれ(누구)

2 ～は ～です　　　　　　　　　～은/는 ～ 입니다

예 私は　学生です。

(저는 학생입니다.)

예 彼女は　先生です。

(그녀는 선생님입니다.)

예 彼は　日本人です。

(그는 일본인입니다.)

3 ～では（じゃ）～ありません　　　～이/가 ～ 아닙니다

예　学生では（じゃ）ありません。
（학생이 아닙니다.）

예　先生では（じゃ）ありません。
（선생님이 아닙니다.）

예　日本人では（じゃ）ありません。
（일본인이 아닙니다.）

4 ～ですか　　　　　　　　　　　　～입니까?

예　学生ですか。
（학생입니까?）

예　会社員ですか。
（회사원입니까?）

예　中国人ですか。
（중국인입니까?）

5 はい / いいえ　　　　　　　네(예) / 아니요

예　はい、わたしは学生です。
（네, 저는 학생입니다.）

예　いいえ、金さんは　日本人ではありません。

(아니요, 김씨는 일본인이 아닙니다.)

예　はい、そうです。

(네, 그렇습니다.)

예　いいえ、そうではありません。

(아니요, 그렇지 않습니다.)

연습문제 

1. 다음 보기와 같이 문장을 만들어 보세요.

> **보기**
>
> キム・学生
>
> ⇒ こちらは　<u>キム</u>さんです。<u>キム</u>さんは　<u>学生</u>です。

① 林・大学生

⇒ ____。

② 吉田・会社員

⇒ ____。

③ パク・医者

⇒ ____。

④ 森・日本語の先生

⇒ ____。

2. 다음 보기와 같이 연습해 보세요.

> 보기
>
> _{キム}金さん / _{かんこくじん}韓国人
>
> A: _{キム}金さんは _{かんこくじん}韓国人 ですか。
>
> B: はい、_{かんこくじん}韓国人 です。
>
> B: いいえ、_{かんこくじん}韓国人 ではありません。

❶ _{かれ}彼 / _{がくせい}学生

　A : ＿＿＿＿＿＿＿＿＿＿＿＿＿＿＿＿＿＿

　B: はい、＿＿＿＿＿＿＿＿＿＿＿＿＿＿＿＿

❷ _{かれ}彼 / ピアニスト

　A : ＿＿＿＿＿＿＿＿＿＿＿＿＿＿＿＿＿＿

　B : いいえ、＿＿＿＿＿＿＿＿＿＿＿＿＿＿＿

❸ _{かれ}彼 / _{かしゅ}歌手

　A : ＿＿＿＿＿＿＿＿＿＿＿＿＿＿＿＿＿＿

　B : はい、＿＿＿＿＿＿＿＿＿＿＿＿＿＿＿＿

❹ _{かのじょ}彼女 / _{せんせい}先生

　A : ＿＿＿＿＿＿＿＿＿＿＿＿＿＿＿＿＿＿

　B : いいえ、＿＿＿＿＿＿＿＿＿＿＿＿＿＿＿

それは 何ですか

기본회화

山田（やまだ）　イさん、これは 何（なん）ですか。

イ　　　それは デジカメです。

山田（やまだ）　これは 誰（だれ）の デジカメですか。

イ　　　それは 中村（なかむら）さんのです。

山田（やまだ）　あれも 中村（なかむら）さんのですか。

イ　　　いいえ、あれは 中村（なかむら）さんのではありません。私（わたし）のです。

山田（やまだ）　どの方（かた）が 中村（なかむら）さんですか。

イ　　　あちらが 中村（なかむら）さんです。中村（なかむら）さんは 私（わたし）の 友達（ともだち）です。

낱말과 표현

- **これ/それ/あれ/どれ** 이것/그것/저것/어느 것
- **何(なん・なに)** 무엇
- **~ですか** ~입니까?
- **誰(だれ)** 누구
- **~の** ~의
- **デジカメ** 디지털카메라「デジタルカメラ」의 줄임말
- **~も** ~도
- **この/その/あの/どの** 이/그/저/어느
- **どの方(かた)** 어느 분
- **友達(ともだち)** 친구

문법포인트

1 지시대명사

	근칭	중칭	원칭	부정칭
사물	これ(이것)	それ(그것)	あれ(저것)	どれ(어느 것)
장소	ここ(여기)	そこ(거기)	あそこ(저기)	どこ(어디)
방향	こちら(이쪽)	そちら(그쪽)	あちら(저쪽)	どちら(어느 쪽)
연체사(1)	この(이)	その(그)	あの(저)	どの(어느)
연체사(2)	こんな(이런)	そんな(그런)	あんな(저런)	どんな(어떤)

2 これは 何ですか   이것은 무엇입니까?

예　これは 何ですか。　→　それは 雑誌です。

(이것은 무엇입니까?)　　　　　　(그것은 잡지입니다.)

예　それは 何ですか。　→　これは ノートです。

(그것은 무엇입니까?)　　　　　　(이것은 노트입니다.)

예　あれは 何ですか。　→　あれは 辞書です。

(저것은 무엇입니까?)　　　　　　(저것은 사전입니다.)

| **3** | ～の | ～의 것 |

예 この　傘は　誰のですか。
（이 우산은 누구의 것입니까?）

➡ 私のです。

（저의 것입니다.）

예 あの　かばんは　あなたのですか。
（저 가방은 당신의 것입니까?）

➡ いいえ、私のでは　ありません。

（아니요, 저의 것이 아닙니다.）

| **4** | 명사 ＋ の ＋ 명사 | ～ 의 |

예 山田さんは　日本語の　先生です。
（야마다씨는 일본어 선생님입니다.）

예 これは　韓国語の　本です。
（이것은 한국어 책입니다.）

예 それは　私の　眼鏡です。
（그것은 제 안경입니다.）

예 あれは　誰の　鉛筆ですか。
（저것은 누구의 연필입니까?）

5 ～も ～도

예　私も　会社員です。

(저도 회사원입니다.)

예　田中さんも　学生ですか。

(다나카씨도 학생입니까?)

예　あの　時計も　キムさんのですか。

(저 시계도 김씨의 것입니까?)

연습문제

1. 다음 보기와 같이 문장을 만들어 보세요.

보기

ポスター ／ 映画（えいが）

➡ A : これは 何（なん）ですか。　　B : ポスターです。

A : 何（なん）の ポスターですか。　B : 映画（えいが）の ポスターです。

① チケット／コンサート

➡ A: ＿＿＿＿＿＿＿＿＿＿＿＿　B: ＿＿＿＿＿＿＿＿＿＿＿＿

A: ＿＿＿＿＿＿＿＿＿＿＿＿　B: ＿＿＿＿＿＿＿＿＿＿＿＿

② 本（ほん）／単語（たんご）

➡ A: ＿＿＿＿＿＿＿＿＿＿＿＿　B: ＿＿＿＿＿＿＿＿＿＿＿＿

A: ＿＿＿＿＿＿＿＿＿＿＿＿　B: ＿＿＿＿＿＿＿＿＿＿＿＿

③ 辞書（じしょ）／日本語（にほんご）

➡ A: ＿＿＿＿＿＿＿＿＿＿＿＿　B: ＿＿＿＿＿＿＿＿＿＿＿＿

A: ＿＿＿＿＿＿＿＿＿＿＿＿　B: ＿＿＿＿＿＿＿＿＿＿＿＿

4 雑誌／ゲーム

➲ A: _______________________ B: _______________________

A: _______________________ B: _______________________

---

2. 다음 보기와 같이 연습해 보세요.

보기

A: この　辞書は　先生のですか。

B: はい、先生のです。　いいえ、先生のではありません。

1 A: この 帽子は　金さんのですか。

B: はい、_______________________________。

2 A: この えんぴつは　吉田さんのですか。

B: いいえ、_______________________________。

3 A: その 時計は　山田さんのですか。

B: いいえ、_______________________________。

4 A: その めがねは　山田さんのですか。

B: はい、_______________________________。

⑤ A: あの 車は 川口先生のですか。

B: いいえ、 _______________________________。

---

3. 다음 보기와 같이 연습해 보세요.

보기

A:　これは　だれの　かばんですか。

B:　それは　先生の　かばんです。

---

❶ A: これは　だれの　本ですか。

B: _______は　先生_________です。

❷ A: これは　だれの　ケータイですか。

B: _______は　友達 _________です。

❸ A: それは　だれの　カメラですか。

B: _______は　私 _________です。

❹ A: それは　だれの　写真ですか。

B: _______は　ナさん _________です。

❺ A: あれは　だれの　くつですか。

B: _______は　本田さん _______です。

4. 다음 보기와 같이 연습해 보세요.

보기

この　かばんは　イさんのですか。
⇒ はい、その かばんは イさんのです。
　 いいえ、その かばんは イさんのじゃありません。

① この＿＿＿＿＿＿は　山田さんのですか。
はい、＿＿＿＿＿＿＿＿＿＿＿。

② その＿＿＿＿＿＿は　林さんのですか。
いいえ、＿＿＿＿＿＿＿＿＿＿＿。

③ あの＿＿＿＿＿＿は　パクさんのですか。
いいえ、＿＿＿＿＿＿＿＿＿＿＿。

④ この＿＿＿＿＿＿は　森さんのですか。
いいえ、＿＿＿＿＿＿＿＿＿＿＿。

⑤ その＿＿＿＿＿＿は　中山さんのですか。
いいえ、＿＿＿＿＿＿＿＿＿＿＿。

たんじょうびは　いつですか

1

朴　　中村さんの　たんじょう日は　いつですか。

中村　　四月　二日です。

朴　　今年は　何ようびでしたか。

中村　　月ようびでした。朴さんの　たんじょう日は　いつですか。

朴　　七月　二十四日です。

中村　　失礼ですが、何年うまれですか。

朴　　１９８２年うまれです。

中村　　わたしもですよ。じゃ、同い年ですね。

2

ハン　吉田さんは　何人家族ですか。

吉田　5人家族です。

ハン　何人兄弟ですか。

吉田　3人兄弟です。　兄が一人と　弟が一人　います。

　　　ハンさんは　何人家族ですか。

ハン　家族は三人しかいません。両親と　私の　3人だけです。

吉田　それじゃ、ハンさんは　一人っ子ですね。

ハン　はい、そうです。けれども　たまに　祖母が　来るんですよ。

吉田　ああ、そうですか。いいですね。おばあさんが　いますか。

ハン　はい、そうです。それで　たまに　4人家族ですよ。

낱말과표현

たんじょう日(び) 생일	3人(さんにん) 3명
いつ 언제	～と ～와(과)
今年(ことし) 올해	兄(あに) 형, 오빠
月(げつ)ようび 월요일	弟(おとうと) 남동생
失礼(しつれい)ですが 실례합니다만	～しかいません ～밖에 없습니다(부정)
うまれ 생, 태생, 출생	両親(りょうしん) 부모, 양친
～も ～도	一人(ひとり)っ子(こ) 독자, 외둥이
同(おな)い年(どし) 동갑	けれども 그러나
何人(なんにん) 몇 명	祖母(そぼ) 조모
家族(かぞく) 가족	祖父(そふ) 조부
5人(ごにん) 5명	おばあさん 할머니
兄弟(きょうだい) 형제	4人(よにん) 4명

🌸 조수사

▎ 숫자 읽기

1	2	3	4	5	6	7	8	9	10
いち	に	さん	し /よん	ご	ろく	しち /なな	はち	く /きゅう	じゅう

1	2	3	4	5	6	7	8	9	10
ひとつ (一つ)	ふたつ (二つ)	みっつ (三つ)	よっつ (四つ)	いつつ (五つ)	むっつ (六つ)	ななつ (七つ)	やっつ (八つ)	ここのつ (九つ)	とお (十)
하나	둘	셋	넷	다섯	여섯	일곱	여덟	아홉	열
한 개	두 개	세 개	네 개	다섯개	여섯개	일곱개	여덟개	아홉개	열 개

十（じゅう）	百（ひゃく）	千（せん）	万（まん）
10　じゅう	100　ひゃく	1000　せん	10000　いちまん
20　にじゅう	200　にひゃく	2000　にせん	100000　じゅうまん
30　さんじゅう	300　さんびゃく	3000　さんぜん	1000000　ひゃくまん
40　よんじゅう	400　よんひゃく	4000　よんせん	10000000　いっせんまん
50　ごじゅう	500　ごひゃく	5000　ごせん	一億（いちおく）
60　ろくじゅう	600　ろっぴゃく	6000　ろくせん	何十（なんじゅう）
70　ななじゅう	700　ななひゃく	7000　ななせん	何百（なんびゃく）
80　はちじゅう	800　はっぴゃく	8000　はっせん	何千（なんぜん）
90　きゅうじゅう	900　きゅうひゃく	9000　きゅうせん	何万（なんまん）

▍ 날짜(월/일)

	월(月)			일(日)		
1월	1月	いちがつ	1일	1日(ついたち)	14일	14日(じゅうよっか)
2월	2月	にがつ	2일	2日(ふつか)	15일	15日(じゅうごにち)
3월	3月	さんがつ	3일	3日(みっか)	…	・・・
4월	4月	しがつ	4일	4日(よっか)	20일	20日(はつか)
5월	5月	ごがつ	5일	5日(いつか)	21일	21日(にじゅういちにち)
6월	6月	ろくがつ	6일	6日(むいか)	…	・・・
7월	7月	しちがつ	7일	7日(なのか)	24일	24日(にじゅうよっか)
8월	8月	はちがつ	8일	8日(ようか)	…	・・・
9월	9月	くがつ	9일	9日(ここのか)	30일	30日(さんじゅうにち)
10월	10月	じゅうがつ	10일	10日(とおか)	31일	31日(さんじゅういちにち)
11월	11月	じゅういちがつ	11일	11日(じゅういちにち)	…	
12월	12月	じゅうにがつ	12일	12日(じゅうににち)		
몇월	何月	なんがつ	13일	13日(じゅうさんにち)	몇일	何日(なんにち)

▍ 요일

월요일	화요일	수요일	목요일	금요일	토요일	일요일	무슨요일
月曜日	火曜日	水曜日	木曜日	金曜日	土曜日	日曜日	何曜日
げつようび	かようび	すいようび	もくようび	きんようび	どようび	にちようび	なんようび

▌ 여러 가지 시제 표현

그저께	어제	오늘	내일	모레
一昨日 (おととい)	昨日 (きのう)	今日 (きょう)	明日 (あした)	明後日 (あさって)
지지난주	지난주	이번주	다음주	다다음주
先々週 (せんせんしゅう)	先週 (せんしゅう)	今週 (こんしゅう)	来週 (らいしゅう)	再来週 (さらいしゅう)
지지난달	지난달	이번달	다음달	다다음달
先々月 (せんせんげつ)	先月 (せんげつ)	今月 (こんげつ)	来月 (らいげつ)	再来月 (さらいげつ)

▌ 가족 호칭

호칭	내 가족을 남에게 말할 때	남의 가족을 부를 때	나의 가족을 부를 때
할아버지	祖父(そふ)	おじいさん	おじいちゃん
할머니	祖母(そぼ)	おばあさん	おばあちゃん
아버지	父(ちち)	お父(とう)さん	お父(とう)ちゃん／父(とう)さん
어머니	母(はは)	お母(かあ)さん	お母(かあ)ちゃん／母(かあ)さん
형・오빠	兄(あに)	お兄(にい)さん	お兄(にい)ちゃん／にいさん
누나・언니	姉(あね)	お姉(ねえ)さん	お姉(ねえ)ちゃん／姉(ねえ)さん
남동생	弟(おとうと)	弟(おとうと)さん	名前(なまえ)
여동생	妹(いもうと)	妹(いもうと)さん	名前(なまえ)

연습문제 

1. 다음 보기와 같이 문장을 만들어 보세요.

> **보기**
>
> バレンタインデー ／ 2月14日
>
> ➥ A: バレンタインデー はいつですか。
>
> B: 2月14日(じゅうよっか)です。

❶ お正月 ／ 1月1日

➥ A: ＿＿＿＿＿＿はいつですか。　　B: ＿＿＿＿＿＿＿＿です。

❷ みどりの日 ／ 5月4日

➥ A: ＿＿＿＿＿＿はいつですか。　　B: ＿＿＿＿＿＿＿＿です。

❸ こどもの日 ／ 5月5日

➥ A: ＿＿＿＿＿＿はいつですか。　　B: ＿＿＿＿＿＿＿＿です。

❹ クリスマス ／ 12月25日

➥ A: ＿＿＿＿＿＿はいつですか。　　B: ＿＿＿＿＿＿＿＿です。

5 おおみそか ／ 12月31日

➲ A: ＿＿＿＿＿＿＿はいつですか。　　B: ＿＿＿＿＿＿＿＿＿＿です。

6 本人の誕生日

➲ A: ＿＿＿＿＿＿＿はいつですか。　　B: ＿＿＿＿＿＿＿＿＿＿です。

2. 다음 보기와 같이 연습해 보세요.

보기

デジタルカメラ ／ 380,000원

➲ A:　デジタルカメラは　いくらですか。

B:　38万(さんじゅうはち)ウォンです。

1 ワイシャツ ／ 45,000원

➲ A: ＿＿＿＿＿＿は　いくらですか。　　B: ＿＿＿＿＿＿＿＿です。

2 かばん ／ 270,000원

➲ A: ＿＿＿＿＿＿は　いくらですか。　　B: ＿＿＿＿＿＿＿＿です。

3 ノートブック ／ 1,890,000원

➲ A: ＿＿＿＿＿＿は　いくらですか。　　B: ＿＿＿＿＿＿＿＿です。

3. 다음 보기와 같이 연습해 보세요.

> 보기
>
> A: 何月　何日ですか。
>
> B: <u>しちがつじゅうよっか</u>です。（7月　14日）

1 1月 10日

➥ A: 何月　何日ですか。　B: ＿＿＿＿＿＿＿＿＿です。

2 3月 17日

➥ A: 何月　何日ですか。　B: ＿＿＿＿＿＿＿＿＿です。

3 4月 8日

➥ A: 何月　何日ですか。　B: ＿＿＿＿＿＿＿＿＿です。

4 10月 15日

➥ A: 何月　何日ですか。　B: ＿＿＿＿＿＿＿＿＿です。

5 12月 3日

➥ A: 何月　何日ですか。　B: ＿＿＿＿＿＿＿＿＿です。

memo

いくらですか

①

キム　　すみません。今、何時ですか。

木村　　9時10分です。

キム　　きょうの　かいぎは　何時からですか。

木村　　10時から　11時　30分までです。

キム　　きのうの　かいぎは　何時まででしたか。

木村　　午前　11時から　午後　2時まででした。

キム　　毎日　かいぎですね。明日もですか。

木村　　ええ、明日も　かいぎです。　毎日　たいへんです。

2

店員　いらっしゃいませ。

川口　あの、すみません。この　いちごのケーキ、いくらですか。

店員　４００円です。お客さま。

川口　それでは、コーヒーは　いくらですか。

店員　コーヒーは　３７０円です。

川口　アイス　コーヒーは　いくらですか。

店員　アイス　コーヒーは　３９０円です。

川口　じゃ、アイス　コーヒーと　いちごのケーキを　ください。

　　　それから、この　クッキーも　ひとつ　おねがいします。

店員　はい、全部で　９９０円で　ございます。

낱말과표현

- すみません 실례 합니다
- お客(きゃく)さま 손님
- コーヒー 커피
- ~を ~을
- アイス コーヒー 아이스커피
- じゃ(＝では) 그럼, 그러면
- それから 그리고
- クッキー 쿠키
- ひとつ 한 개
- おねがいします 부탁 합니다
- 全部(ぜんぶ) 전부
- ~円(えん) ~엔 (일본의 화폐 단위)
- 何時(なんじ) 몇 시
- きょう 오늘
- かいぎ 회의
- から ~부터
- 30分(さんじゅっぷん) 30분
- 午前(ごぜん) 오전
- 午後(ごご) 오후
- 毎日(まいにち) 매일
- 明日(あした) 내일
- たいへん 큰일
- 店員(てんいん) 점원
- いらっしゃいませ 어서 오세요
- いちごのケーキ 딸기 케이크
- いくらですか 얼마 입니까?

문법포인트

✿ 시간

時(間) / 시(간)	何時 なんじ	1時 いちじ	2時 にじ	3時 さんじ	4時 よじ	5時 ごじ	6時 ろくじ
		7時 しちじ	8時 はちじ	9時 くじ	10時 じゅうじ	11時 じゅういちじ	12時 じゅうにじ
分(間) / 분(간)	何分 なんぷん	1分 いっぷん	2分 にふん	3分 さんぷん	4分 よんぷん	5分 ごふん	6分 ろっぷん
		7分 ななふん	8分 はっぷん	9分 きゅうふん	10分 じゅっぷん	11分 じゅういっぷん	12分 じゅうにふん
秒(間) / 초(간)	何秒 なんびょう	1秒 いちびょう	2秒 にびょう	3秒 さんびょう	4秒 よんびょう	5秒 ごびょう	6秒 ろくびょう
		7秒 ななびょう	8秒 はちびょう	9秒 きゅうびょう	10秒 じゅうびょう	11秒 じゅういちびょう	12秒 じゅうにびょう
年(間) / 년(간)	何年 なんねん	1年 いちねん	2年 にねん	3年 さんねん	4年 よねん	5年 ごねん	6年 ろくねん
		7年 しちねん	8年 はちねん	9年 くねん	10年 じゅうねん	11年 じゅういちねん	12年 じゅうにねん
ヵ月(間) / 개월(간)	何ヵ月 なんげつ	1ヵ月 いっげつ	2ヵ月 にげつ	3ヵ月 さんげつ	4ヵ月 よんげつ	5ヵ月 ごげつ	6ヵ月 ろっげつ
		7ヵ月 ななげつ	8ヵ月 はちげつ	9ヵ月 きゅうげつ	10ヵ月 じゅっげつ	11ヵ月 じゅういっげつ	12ヵ月 じゅうにげつ
週(間) / 주간	何週間 なんしゅうかん	1週間 いっしゅうかん	2週間 にしゅうかん	3週間 さんしゅうかん	4週間 よんしゅうかん	5週間 ごしゅうかん	
		6週間 ろくしゅうかん	7週間 ななしゅうかん	8週間 はっしゅうかん	9週間 きゅうしゅうかん	10週間 じゅっしゅうかん	
日(間) / 일간	何日間 なんにちかん	1日間 いちにちかん	2日間 ふつかかん	3日間 みっかかん	4日間 よっかかん	5日間 いつかかん	
		6日間 むいかかん	7日間 なのかかん	8日間 ようかかん	9日間 ここのかかん	10日間 とおかかん	

연습문제

1. 다음 보기와 같이 문장을 만들어 보세요.

보기

1：15

➡ A：すみません。今、何時ですか。
B：<u>1時15分</u>です。

① 3：25

➡ A: すみません。今、何時ですか。　B: ＿＿＿＿＿＿＿＿です。

② 4：30

➡ A: すみません。今、何時ですか。　B: ＿＿＿＿＿＿＿＿です。

③ 7：10

➡ A: すみません。今、何時ですか。　B: ＿＿＿＿＿＿＿＿です。

④ 9：40

➡ A: すみません。今、何時ですか。　B: ＿＿＿＿＿＿＿＿です。

⑤ 12：45

➡ A: すみません。今、何時ですか。　B: ＿＿＿＿＿＿＿＿です。

2. 다음 보기와 같이 문장을 만들어 보세요.

보기

授業は　何時から　何時までですか。　（4時、6時）
➡ 授業は　<u>4時</u>から　<u>6時</u>までです。

① 病院は　何時から　何時までですか。　（9時、5時）

➡ 病院は＿＿＿＿＿＿＿から＿＿＿＿＿＿＿までです。

② 喫茶店は　何時から　何時までですか。　（10時、8時）

➡ 喫茶店は＿＿＿＿＿＿＿から＿＿＿＿＿＿＿までです。

③ 映画館は　何時からですか。　（11時）

➡ 映画館は＿＿＿＿＿＿＿からです。

④ 図書館は　何時までですか。　（12時）

➡ 図書館は＿＿＿＿＿＿＿までです。

3. 다음 보기와 같이 연습해 보세요.

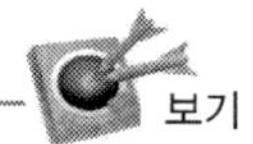
보기

トマト / 五つ / 3,000원

➔ A: トマトは　いくらですか。　　B: 五つで　3,000ウォンです。

❶ りんご / 二つ / 5,000원

➔ A: ＿＿＿＿＿＿＿＿＿＿＿＿は　いくらですか。

B: ＿＿＿＿＿＿＿＿＿＿で＿＿＿＿＿＿＿＿＿＿です。

❷ なし / 三つ / 10,000원

➔ A: ＿＿＿＿＿＿＿＿＿＿＿＿は　いくらですか。

B: ＿＿＿＿＿＿＿＿＿＿で＿＿＿＿＿＿＿＿＿＿です。

❸ すいか / 一つ / 13,000원

➔ A: ＿＿＿＿＿＿＿＿＿＿＿＿は　いくらですか。

B: ＿＿＿＿＿＿＿＿＿＿で＿＿＿＿＿＿＿＿＿＿です。

memo

近くに　病院は　ありますか

기본회화 

すずき　すみませんが、この　近_{ちか}くに　病院_{びょういん}は　ありますか。

上田_{うえだ}　ええ、ありますよ。

すずき　どこですか。

上田_{うえだ}　あそこに　銀行_{ぎんこう}が　ありますね。

すずき　はい。

上田_{うえだ}　その　銀行_{ぎんこう}の　建物_{たてもの}の　横_{よこ}です。

すずき　あの　右側_{みぎがわ}の　4階建_{かいだ}ての　建物_{たてもの}ですね。

上田_{うえだ}　はい、そうです。

すずき　どうも　ありがとうございます。

낱 말 과 표 현

- **すみません** 실례합니다
- **この** 이(**その** 그 **あの** 저 **どの** 어느)
- **近(ちか)く** 근처
- **病院(びょういん)** 병원
- **あります** 있습니다
- **どこ** 어디
- **あそこ** 저기, 저쪽

- **銀行(ぎんこう)** 은행
- **建物(たてもの)** 건물
- **横(よこ)** 옆
- **右側(みぎがわ)** 오른쪽
- **4階建(よんかいだ)て** 4층 건물
- **どうも　ありがとうございます**
  대단히 감사합니다

문법포인트

1 │ あります・います 있습니다 〈동작의 有・無〉

	긍정문	부정문
사물・식물 〈동작의 無〉	あります	ありません
사람・동물 〈동작의 有〉	います	いません

2 │ 위치명사

上(うえ) 위   下(した) 아래

前(まえ) 앞   後(うし)ろ 뒤

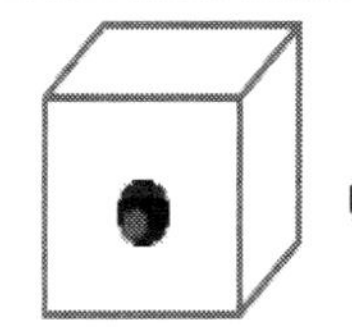

中(なか) 안   外(そと) 밖

左(ひだり) 왼쪽   右(みぎ) 오른쪽

橫(よこ) 옆   隣(となり) 이웃,옆   側(そば) 곁, 근처

間(あいだ) 사이

3　横(よこ)・隣(となり)・側(そば)　　　　옆, 이웃, 곁

예　本棚(ほんだな)の　横(よこ)に　ベットが　あります。
(책장 옆에 침대가 있습니다.)

예　デパートの　隣(となり)に　銀行(ぎんこう)が　あります。
(백화점 옆에 은행이 있습니다.)

예　薬屋(くすりや)は　駅(えき)の　そばに　あります。
(약국은 역근처에 있습니다.)

4　〜に ＋ (あります・います)　　　　〜에 ＋ 있습니다

예　花屋(はなや)は　どこに　ありますか。
(꽃집은 어디에 있습니까?)

예　吉田(よしだ)さんは　どこに　いますか。
(요시다씨는 어디에 있습니까?)

예　キムさんの　かばんは　椅子(いす)の　上(うえ)に　あります。
(김씨의 가방은 의자 위에 있습니다.)

5 ～の ～に ～が(あります·います)
～의 ～에 ～가 있습니다

예　机の　上に　辞書が　あります。

(책상 위에 사전이 있습니다.)

예　教室の　中に　学生が　います。

(교실 안에 학생이 있습니다.)

예　公園の　後ろに　山が　あります。

(공원 뒤에 산이 있습니다.)

연습문제

1. 다음 보기와 같이 연습해 보세요.

> 보기
>
> ボールペン / ノートの横
> ➥ A: ボールペンは　どこに　ありますか。
>
> 　　B: ボールペンは　ノートの　横に　あります。

① 本 / つくえの 上

➥ A: ＿＿＿＿＿＿は　どこに　＿＿＿＿＿＿＿＿。

　B: ＿＿＿＿＿＿は＿＿＿＿＿＿＿＿＿＿＿＿＿。

② 財布 / かばんの 中

➥ A: ＿＿＿＿＿＿は　どこに　＿＿＿＿＿＿＿＿。

　B: ＿＿＿＿＿＿は＿＿＿＿＿＿＿＿＿＿＿＿＿。

③ 傘 / ソファーの 下

➥ A: ＿＿＿＿＿＿は　どこに　＿＿＿＿＿＿＿＿。

　B: ＿＿＿＿＿＿は＿＿＿＿＿＿＿＿＿＿＿＿＿。

④ 林さん / 田中さんの 隣

➡ A: ＿＿＿＿＿＿は　どこに　＿＿＿＿＿＿＿＿。

　　B: ＿＿＿＿＿＿は＿＿＿＿＿＿＿＿＿＿＿＿＿。

⑤ 猫 / 金さんの 前

➡ A: ＿＿＿＿＿＿は　どこに　＿＿＿＿＿＿＿。

　　B: ＿＿＿＿＿＿は＿＿＿＿＿＿＿＿＿＿＿＿＿。

---

2. 다음 보기와 같이 연습해 보세요.

보기

会社 / 駅の 近く

➡ A : 会社は　どこに　ありますか。
　　B : 会社は　駅の　近くに　あります。

① 銀行 / 会社の 隣

➡ A: ＿＿＿＿＿＿は　どこに　ありますか。

　　B: ＿＿＿＿＿＿は ＿＿＿＿＿＿＿＿＿に　あります。

② デパート / 郵便局の 前

➡ A: ＿＿＿＿＿＿は　どこに　ありますか。

　　B: ＿＿＿＿＿＿は ＿＿＿＿＿＿＿＿＿に　あります。

③ コンビニ / 郵便局の 近く

➡ A: _________は どこに ありますか。

B: _________は _____________に あります。

④ 郵便局 / 花屋の 後ろ

➡ A: _________は どこに ありますか。

B: _________は _____________に あります。

⑤ 本屋 / 銀行の 向かい

➡ A: _________は どこに ありますか。

B: _________は _____________に あります。

友達と いっしょに 映画を 見ます

キム　青山さん、昨日は 何を しましたか。

青山　先生と 食事を しました。キムさんは?

キム　兄の 結婚式へ 行きました。

青山　今日は 何を しますか。

キム　友達と 一緒に 映画を 見ます。

　　　青山さんは 何を しますか。

青山　今日は 勉強を します。

　　　火曜日に 英語の テストが あります。

キム　そうですか。がんばって　ください。

青山（あおやま）　ありがとうございます。

昨日(きのう) 어제	今日(きょう) 오늘
何(なに) 무엇	～と　一緒(いっしょ)に ～와 함께
します 합니다	映画(えいが) 영화
(과거 : しました 했습니다)	勉強(べんきょう) 공부
食事(しょくじ) 식사	火曜日(かようび) 화요일
結婚式(けっこんしき) 결혼식	英語(えいご) 영어
～ へ 行(い)きます ～에 갑니다	テスト 시험
(과거:行(い)きました 갔습니다)	がんばってください 열심히 하세요

문법포인트 　일본어의 동사활용

1 　동사활용

(1) 1그룹 동사

~u단 → う단으로 끝난다. 단, る로 끝나는 동사는 る앞이 (5단동사) あ /
う / お단이어야 한다.

会う(만나다)　　行く(가다)　　飲む(마시다)　始まる(시작되다)

分かる(알다)　　作る(만들다)　　乗る(타다)

(2) 2그룹 동사

~i단 る / ~e단 る

(상1단동사　하1단 동사)

→ ~る로 끝나되 바로 앞이 i단, e단인 경우

起きる(일어나다)　　寝る(자다)　　見る(보다)　いる(있다)

(3) 3그룹 동사

来る(오다)　　する(하다)　　동작성 명사 + する(~하다)

(か행 변격동사　サ행 변격동사)

2 ~ます　　　　　　　　　~(ㅂ)니다 (동사의 정중형)

(1) 1그룹 동사

	활용규칙	동사 ます형 활용
기본형	~u단	あう / いく /　やすむ/ はじまる/ ある
정중형	i단→~i단+ます	あいます/ いきます/ やすみます/ はじまります/ あります

(2) 2그룹 동사

	활용규칙	동사 ます형 활용
기본형	~i / e る	みる　　ねる　　たべる　　いる　　はじめる
정중형	~i / e ます	みます　ねます　たべます　います　はじめます

(3) 3그룹 동사

		동사 ます형 활용
기본형	来る(오다)	来ます(옵니다)
기본형	する(하다)	します(합니다)

3 ~ます/~ません　　　~합니다. ~하지 않습니다.

예　学校へ行きます。

예　朝7時に起きます。

예　朝ごはんは　食べません。

예　運動はしません。

4　〜ました / 〜ませんでした
〜했습니다. 〜하지 않았습니다.

예　昨日、友達に会いました。

예　田中さんと一緒に　映画を見ました。

예　デパートで何も買いませんでした。

5　동사와 함께 사용되는 조사.

①　〜で 〜에서(장소) / 〜로 (수단)

예　学校で勉強します。

예 日本語で話します。

② ～を　～을, 를

예 ご飯を食べます。

예 映画を見ます。

③ ～へ　～에 ～로(방향)

예 日本へ行きます。

예 韓国へ帰ります。

④ ～に　～에 (장소, 시점)

예 図書館に来ます。

예 夜8時に運動します。

▌ 예외 1그룹 동사

예외1그룹	동사활용	예외1그룹	동사활용	예외1그룹	동사활용
帰る 돌아가다	帰ります	蹴る 차다	蹴ります	焦る 안달하다	焦ります
入る 들어가다	入ります	切る 자르다	切ります	滑る 미끄러지다	滑ります
限る 한정하다	限ります	要る 필요하다	要ります	握る 쥐다, 잡다	握ります
走る 달리다	走ります	知る 알다	知っています	減る 줄다	減ります
参る 가다, 오다	参ります	照る 비치다	照ります	散る 떨어지다	散ります

ます형 활용 연습

1그룹 동사

기본형	뜻	~ます ~합니다	~ました ~했습니다	~ません ~하지 않습니다	~ませんでした ~하지 않았습니다
買う	사다				
会う	만나다				
行く	가다				
書く	쓰다				
話す	이야기하다				
待つ	기다리다				
持つ	들다, 갖다				
死ぬ	죽다				
遊ぶ	놀다				
飲む	마시다				
読む	읽다				
わかる	알다				

ある	있다				
の 乗る	타다				
はい 入る	들어오다, 들어가다				
かえ 帰る	돌아오다				

▌ 2그룹 동사, 3그룹 동사

기본형	뜻	~ます ~합니다	~ました ~했습니다	~ません ~하지 않습니다	~ませんでした ~하지 않았습니다
み 見る	보다				
た 食べる	먹다				
お 起きる	일어나다				
ね 寝る	자다				
いる	있다				
おし 教える	가르치다				
く 来る	오다				
する	하다				

 연습문제

1. 다음 보기와 같이 연습해 보세요.

> 보기
>
> 朝ごはんを　食べる　/　はい、　いいえ
>
> ➥ A: 朝ごはんを　食べますか。
>
> B: はい、食べます。いいえ、食べません。

① 学校に　行く　/　はい

➥ A: ＿＿＿＿＿＿＿＿＿＿＿＿＿＿＿＿か。

B: ＿＿＿＿＿＿＿＿＿＿＿＿＿＿＿＿。

② コーヒーを　飲む　/　いいえ

➥ A: ＿＿＿＿＿＿＿＿＿＿＿＿＿＿＿＿か。

B: ＿＿＿＿＿＿＿＿＿＿＿＿＿＿＿＿。

③ 日本語で　話す　/　はい

➥ A: ＿＿＿＿＿＿＿＿＿＿＿＿＿＿＿＿か。

B: ＿＿＿＿＿＿＿＿＿＿＿＿＿＿＿＿。

4 朝早く 起きる / いいえ

➡ A : ＿＿＿＿＿＿＿＿＿＿＿＿＿＿＿＿＿＿＿＿か。

　　B : ＿＿＿＿＿＿＿＿＿＿＿＿＿＿＿＿＿＿＿。

5 運転を する / はい

➡ A : ＿＿＿＿＿＿＿＿＿＿＿＿＿＿＿＿＿＿＿＿か。

　　B : ＿＿＿＿＿＿＿＿＿＿＿＿＿＿＿＿＿＿＿。

2. 다음 보기와 같이 연습해 보세요.

보기

昨日 友達に 会う ／ はい いいえ

➡ A: 昨日 友達に 会いましたか。

　　B: はい、会いました。　　いいえ、会いませんでした。

1 遅く 寮に 帰る / いいえ

➡ A : ＿＿＿＿＿＿＿＿＿＿＿＿＿＿＿＿＿＿ましたか。

　　B : ＿＿＿＿＿＿＿＿＿＿＿＿＿＿＿＿＿＿＿。

② 本屋へ行く　　/　はい

　⮕ A：＿＿＿＿＿＿＿＿＿＿＿＿＿＿＿＿ましたか。

　　B：＿＿＿＿＿＿＿＿＿＿＿＿＿＿。

③ 野球場に　行く　/　はい

　⮕ A：＿＿＿＿＿＿＿＿＿＿＿＿＿＿＿＿ましたか。

　　B：＿＿＿＿＿＿＿＿＿＿＿＿＿＿。

④ 運動をする　/　いいえ

　⮕ A：＿＿＿＿＿＿＿＿＿＿＿＿＿＿＿＿ましたか。

　　B：＿＿＿＿＿＿＿＿＿＿＿＿＿＿。

⑤ 彼女は　来る　/　はい

　⮕ A：＿＿＿＿＿＿＿＿＿＿＿＿＿＿＿＿ましたか。

　　B：＿＿＿＿＿＿＿＿＿＿＿＿＿＿。

今日は とても 寒いですね

1

佐藤　今日は とても 寒いですね。

キム　でも、昨日 よりは 寒く ありませんよ。

佐藤　昨日は もっと 寒かったですか。

キム　ええ、今日より 寒かったですよ。ところで さとうさん、

　　　東京と ソウルと どちらの 方が 寒いですか。

佐藤　そうですね。やっぱり 東京より ソウルの 方が 寒いですね。

キム　北海道は どうですか。

佐藤　北海道の 方が ソウルより もっと 寒いでしょう。

キム　北海道は　どんな　ところですか。

佐藤　日本で　いちばん　雪が　多い　ところです。

2

山田　キムさん、今日は　あまり　暑く　ありませんね。

キム　ええ、暑くありませんね。昨日よりは　すずしいですね。

山田　キムさん、最近　日本語の　勉強は　どうですか。

キム　ちょっと　たいへんですが、とても　おもしろいです。

　　　韓国語の　勉強は　どうですか。

山田　英語より　おもしろくて　簡単ですよ。

キム　ほんとうですか。それは　よかったですね。

　　　あ、昨日は　テストでしたね。どうでしたか。

山田　それが、まあまあでした。テストは　難しかったです。

낱말과 표현

- **とても** 대단히
- **寒(さむ)い** 춥다
- **～より** ～보다
- **もっと** 더욱
- **ところで** 그런데
- **ソウル** 서울
- **どちらの方(ほう)が** 어느 쪽이
- **やっぱり** 역시
- **どうですか** 어떻습니까?
- **どんな** 어떤
- **ところ** 곳
- **いちばん** 가장
- **雪(ゆき)** 눈
- **多(おお)い** 많다
- **あまり** 그다지
- **暑(あつ)い** 덥다
- **すずしい** 시원하다, 선선하다
- **最近(さいきん)** 최근
- **日本語(にほんご)** 일본어
- **英語(えいご)** 영어
- **簡単(かんたん)** 간단
- **よかった** 좋았다
- **テスト** 시험
- **まあまあ** 그럭저럭
- **難(むずか)しい** 어렵다

문법포인트  い형용사

い형용사 : 기본형이 「い」로 끝나는 형용사

✿ い형용사의 활용문법

(1) い형용사의 정중형

기본형＋です ～습니다

예 日本語は おもしろいです。
(일본어는 재밌습니다)

예 友だちの家は 大きいです。
(친구의 집은 큽니다)

예 パソコンは 高いです。
(컴퓨터는 비쌉니다)

예 會社は 忙しいです。
(회사는 바쁩니다)

예 夏は 暑いです。
(여름은 덥습니다)

(2) い형용사의 부정형

보통체 부정형 ＝ い형용사 어간 ＋ ～くない ～(지)않다

정중체 부정형 ＝ い형용사 어간 ＋ ～くないです ～(지)않습니다
　　　　　　　　　　　　　　　　　～くありません

예 日本語は 難しく ない。
(일본어는 어렵지 않다.)

예 テストは あまり 難しく ありません。
(시험은 그다지 어렵지 않습니다.)

예 私の 部屋は あまり 広く ありません。
(저의 방은 그다지 넓지 않습니다.)

예 天気は よく ありません。
(날씨는 좋지 않습니다.)

꼭 いい → よく ない / よく ありません

(3) い형용사의 중지형

い형용사 어간 + 〜く+て 〜하고, 하며 (열거)
〜이어서, 해서 (이유, 설명)

❙ 〜하고, 하며 (열거)

예 易しくて 面白い 日本語
(쉽고 재미있는 일본어)

예 赤くて 大きい かばん
(빨갛고 큰 가방)

예 私の 友達は 目が 大きくて 頭が よくて かわいいです。
(저의 친구는 눈이 크고 머리가 좋고 귀엽습니다.)

예 この りんごは 甘くて おいしくて 最高です。
(이 사과는 달고 맛있고(맛있어서) 최고입니다.)

▌ 〜이어서, 해서 (이유, 설명)

예　昨日は　体の　調子が　悪くて　遠足に　行きませんでした。
(어제는 몸 상태가 나빠서 소풍에 가지 못했습니다.)

예　コンビニが　近くて　よく　行きます。
(편의점이 가까워서 자주 갑니다.)

예　あの　映画は　おもしろくて　また　見ました。
(저 영화는 재미있어서 또 봤습니다.)

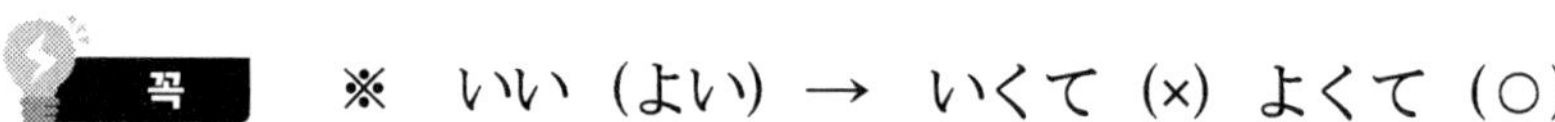

※　いい　(よい)　→　いくて (×)　よくて (○)

(4) い형용사의 수식형

い형용사 기본형+명사　　〜인,〜한

예　いい　天気ですね。
(좋은 날씨군요.)

예　面白い　映画ですね。
(재미있는 영화군요.)

예　おいしい　りんごですね。
(맛있는 사과군요.)

(5) い형용사의 과거형

보통체 과거(긍정)　〜(이)었다　　　　= い형용사 어간+かった
정중체 과거(긍정)　〜(이)었습니다　　= い형용사 어간+かったです

예 今日_{きょう}は とても 楽_{たの}しかった。 (보통)
(오늘은 매우 즐거웠다.)

예 今日_{きょう}は とても 楽_{たの}しかったです。 (정중)
(오늘은 매우 즐거웠습니다.)

예 テストは むずかしかった。 (보통)
(테스트는 어려웠다.)

예 テストは むずかしかったです。 (정중)
(테스트는 어려웠습니다.)

(6) い형용사의 과거부정형

보통체 과거부정 ~(지)않았었다 = い형용사 어간 + くなかった

정중체 과거부정 ~(지)않았습니다 = い형용사 어간 + くありませんでした

예 今日_{きょう}は 天気_{てんき}が よく なかった。 (보통)
(오늘은 날씨가 좋지 않았다.)

예 今日_{きょう}は 天気_{てんき}が よく なかったです。 (정중)
(오늘은 날씨가 좋지 않았습니다.)

예 部屋_{へや}は 広_{ひろ}く なかった。 (보통)
(방은 넓지 않았다.)

예 部屋_{へや}は 広_{ひろ}く ありませんでした。 (정중)
(방은 넓지 않았습니다.)

┃ い형용사 어휘

おいしい 맛있다	おもしろい 재미있다	楽^{たの}しい 즐겁다	きたない 더럽다	痛^{いた}い 아프다
大^{おお}きい 크다	あたたかい 따뜻하다	優^{やさ}しい 상냥하다	明^{あか}るい 밝다	うるさい 시끄럽다
難^{むずか}しい 어렵다	寒^{さむ}い 춥다	冷^{つめ}たい 차갑다	短^{みじか}い 짧다	重^{おも}い 무겁다
新^{あたら}しい 새롭다	暑^{あつ}い 덥다	すばらしい 훌륭하다	いい、よい 좋다	軽^{かる}い 가볍다
長^{なが}い 길다	白^{しろ}い 하얗다	狭^{せま}い 좁다	青^{あお}い 파랗다	遠^{とお}い 멀다
広^{ひろ}い 넓다	忙^{いそが}しい 바쁘다	弱^{よわ}い 약하다	強^{つよ}い 강하다	近^{ちか}い 가깝다
辛^{から}い 맵다	安^{やす}い 싸다	古^{ふる}い 오래되다	涼^{すず}しい 시원하다	細^{ほそ}い 가늘다
甘^{あま}い 달다	高^{たか}い 높다	暗^{くら}い 어둡다	まずい 맛없다	易^{やさ}しい 쉽다

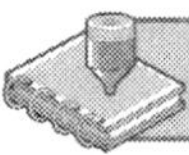

い형용사를 활용별로 예와 같이 완성해 보세요.

大きい 크다	小さい 작다	明るい 밝다	強い 강하다	新しい 새롭다	いい、よい 좋다
大きいです 큽니다					
大きくありません 크지 않습니다					
大きくて 크고, 커서					
大きい部屋 큰 방	くつ	性格	力	店	人
大きかった 컸다					
大きかったです 컸습니다					
大きくありませんでした 크지 않았습니다					
大きく 크게					

연습문제

1. 다음 보기와 같이 연습해 보세요.

보기

人（ひと） ／ 優（やさ）しい

➡ A: どんな 人（ひと）ですか。　B: 優（やさ）しい 人（ひと）です。

❶ 仕事（しごと） ／ 忙（いそが）しい

➡ A : どんな________ですか。　B : ________________です。

❷ 国（くに） ／ 楽（たの）しい

➡ A: どんな__________ですか。　B : ________________です。

❸ かばん ／ 黒（くろ）い

➡ A: どんな__________ですか。　B: ________________です。

❹ 食（た）べ物（もの） ／ おいしい

➡ A: どんな__________ですか。　B: ________________です。

2. 다음 보기와 같이 연습해 보세요.

보기

A: 会社は　家から　近いですか。

B: いいえ、近くありません。遠いです。

---

① A：この　ケータイは　高いですか　。

B：＿＿＿＿＿＿＿＿＿＿＿＿＿＿＿＿＿＿＿。

② A：駐車場は　広いですか。

B：＿＿＿＿＿＿＿＿＿＿＿＿＿＿＿＿＿＿＿。

③ A：部屋は　広いですか。

B：＿＿＿＿＿＿＿＿＿＿＿＿＿＿＿＿＿＿＿。

④ A：この　くつは　新しいですか。

B：＿＿＿＿＿＿＿＿＿＿＿＿＿＿＿＿＿＿＿。

3. 다음 보기와 같이 연습해 보세요.

보기

大きい / 新しい

➡ A: どんな 車ですか。　B: <u>大きくて　新しい</u>　車です。

① A : どんな 天気ですか。　　　　暖かい / いい

B : ＿＿＿＿＿＿＿＿＿＿＿＿＿＿＿＿ です。

② A: どんな ラジオですか。　小さい / かわいい

B : ＿＿＿＿＿＿＿＿＿＿＿＿＿＿＿＿ です。

③ A: どんな キャンデーですか。　甘い / おいしい

B : ＿＿＿＿＿＿＿＿＿＿＿＿＿＿＿＿ です。

④ A : どんな デパートですか。　　新しい / 広い

B : ＿＿＿＿＿＿＿＿＿＿＿＿＿＿＿＿ です。

⑤ A : どんな 友達ですか。　優しい / おもしろい

B : ＿＿＿＿＿＿＿＿＿＿＿＿＿＿＿＿ です。

静かで すてきな 部屋ですね

キム　とても　静かで、すてきな　部屋ですね。

あ、この　写真は　何ですか。

中村　テニスの　試合の　写真です。

キム　中村さんは　テニスが　上手ですか。

中村　いいえ、あまり　上手では　ありませんが、テニスが　好きです。

キムさんは　スポーツの　中で　何が　一番　好きですか。

キム　私は　バスケットボールが　一番　好きです。

中村さんも　バスケットボールが　好きですか。

中村　前は　好きでしたが、今は　テニスの　方が　好きです。

낱말과 표현

- **静(しず)かだ** 조용하다
- **すてきだ** 멋지다
- **部屋(へや)** 방
- **写真(しゃしん)** 사진
- **テニスの試合(しあい)** 테니스 시합
- **~では ありません** ~하지 않습니다
- **~が 好(す)きです** ~을(를) 좋아합니다
- **スポーツ** 스포츠
- **~の 中(なか)で** ~중에서
- **バスケットボール** 농구
- 명사＋**~の方(ほう)** ~의 쪽(편)
- **前(まえ)** 전, 앞
- **今(いま)** 지금, 현재
- **一番(いちばん)** 가장

문법포인트　　な형용사

な형용사 : 기본형이 「だ」로 끝나는 형용사

✿ な형용사의 활용문법

(1) な형용사의 정중형

> な형용사 어간 + です ～합니다　～だ + です

예　この　道は　交通が　便利です。
(이 길은 교통이 편리합니다.)

예　土曜日は　暇ですか。
(토요일은 한가합니까?)

예　田中さんは　いつも　元気です。
(다나카씨는 언제나 건강합니다.)

(2) な형용사의 부정형

> 보통체 부정형　　～(지)않다　= な형용사 어간 + じゃない
> 정중체 부정형　　～(지)않습니다　= な형용사 어간 + ではありません
> 　　　　　　　　　　　　　　　　　　　　(じゃありません)

예 テストは 簡単じゃ ない。

(테스트는 간단하지 않다.)

예 テストは 簡単じゃ ありません。

(테스트는 간단하지 않습니다.)

예 サッカーは 好きですが、あまり 上手じゃ ありません。

(축구는 좋아하지만 그다지 잘 하지 않습니다.)

예 あの レストランは あまり きれいでは ありません。

(저 식당은 그다지 깨끗하지 않습니다.)

(3) な형용사의 중지형

> **な형용사의 어간 + で**
> (1) ~하고, ~하며 (열거)
> (2) ~이어서, 해서 (이유, 설명)

① 열거 ~하고, ~하며

예 <u>まじめで</u> 親切な 人

(성실하고 친절한 사람)

예 彼女は 日本語が <u>上手で</u>、中国語も 上手です。

(그녀는 일본어가 능숙하고 중국어도 능숙합니다.)

② ~이어서, 해서 (이유, 설명)

예 木村さんは <u>きれいで</u>、人気が あります。

(기무라씨는 예뻐서 인기가 많습니다.)

例　この　椅子は　楽で、気持が　いいです。

(이 의자는 편안해서 기분이 좋습니다.)

(4) な형용사의 수식형

な형용사의 어간+な+명사　～한, ～인

例　元気な　子供ですね。

(건강한 아이군요.)

例　高くて　りっぱな　ビルですね。

(높고 훌륭한 빌딩이군요.)

例　好きな　食べ物は　何ですか。

(좋아하는 음식은 무엇입니까?)

例　有名な　会社ですね。

(유명한 회사군요.)

(5) な형용사의 과거형

| 보통체 과거(긍정) | ～(이)었다 | = な형용사 어간+だった |
| 정중체 과거(긍정) | ～(이)었습니다 | = な형용사 어간+でした |

例　旅行が　好きだった。

(여행을 좋아했다.)

예 夜(よる)は 静(しず)かだった。

(밤은 조용했다.)

예 あの 店(みせ)の 野菜(やさい)は 新鮮(しんせん)だった。

(저 가게의 야채는 신선했다.)

예 旅行(りょこう)が 好(す)きでした。

(여행을 좋아했습니다.)

예 夜(よる)は 静(しず)かでした。

(밤은 조용했습니다.)

예 あの 店(みせ)の 野菜(やさい)は 新鮮(しんせん)でした。

(저 가게의 야채는 신선했습니다.)

(6) な형용사의 과거부정형

보통체 과거부정 ~(지)않았었다 = な형용사 어간 + じゃなかった

정중체 과거부정 ~(지)않았습니다

= な형용사 어간 + じゃありませんでした(ではありませんでした)

예 今(いま)は 野菜(やさい)が 好(す)きですが、昔(むかし)は 好(す)きじゃ ありませんでした。

(지금은 야채를 좋아합니다만 옛날에는 좋아하지 않았습니다.)

예 この 町(まち)は 夜(よる)には 静(しず)かじゃ なかった。

(이 마을은 밤엔 조용하지 않았다.)

예 あの 選手(せんしゅ)は 前(まえ)には 有名(ゆうめい)じゃ ありませんでした。

(저 선수는 전엔 유명하지 않았습니다.)

┃ な형용사 어휘

静^{しず}かだ 조용하다	親切^{しんせつ}だ 친절하다	丈夫^{じょうぶ}だ 튼튼하다	心配^{しんぱい}だ 걱정이다	素敵^{すてき}だ 멋지다
真面目^{まじめ}だ 성실하다	きれいだ 예쁘다, 깨끗하다	便利^{べんり}だ 편리하다	暇^{ひま}だ 한가하다	新^{あら}ただ 새롭다
簡単^{かんたん}だ 간단하다	嫌^{きら}いだ 싫어하다	大事^{だいじ}だ 중요하다	だめだ 안 된다	大切^{たいせつ}だ 소중하다
新鮮^{しんせん}だ 신선하다	好^すきだ 좋아하다	大変^{たいへん}だ 큰일이다	楽^{らく}だ 편안하다, 쉽다	確^{たし}かだ 확실하다
有名^{ゆうめい}だ 유명하다	元気^{げんき}だ 건강하다	上手^{じょうず}だ 잘하다	ハンサムだ 잘생겼다	変^{へん}だ 이상하다
にぎやかだ 번화하다	不便^{ふべん}だ 불편하다	下手^{へた}だ 서투르다	大丈夫^{だいじょうぶ}だ 괜찮다	同^{おな}じだ 같다
得意^{とくい}だ 능숙하다	苦手^{にがて}だ 서툴다	鮮^{あざ}やかだ 산뜻하다	華^{はな}やかだ 화려하다	複雑^{ふくざつ}だ 복잡하다

 **な형용사를 활용별로 예와 같이 완성해 보세요**

上手だ 잘하다	好きだ 좋아하다	真面目だ 성실하다	有名だ 유명하다	元気だ 건강하다	きれいだ 예쁘다 깨끗하다
上手です 잘합니다					
上手じゃ ありません 잘하지 않습니다					
上手で 잘하고					
上手な人 잘하는 사람	科目	友達	歌手	子供	部屋
上手だった 잘했다					
上手でした 잘했습니다					
上手じゃあり ませんでした 잘하지 않았습니다					
上手に 잘하게, 능숙히					

연습문제

1. 다음 보기와 같이 문장을 만들어 보세요.

> 보기
>
> 大学 / 有名だ
>
> ➡ A: どんな 大学ですか。　　　B: 有名な 大学です。

① 先生 / 真面目だ

➡ A: どんな＿＿＿＿＿ですか。　B: ＿＿＿＿＿＿＿＿＿です。

② 所 / にぎやかだ

➡ A: どんな＿＿＿＿＿ですか。　B: ＿＿＿＿＿＿＿＿＿です。

③ 店 / 親切だ

➡ A: どんな＿＿＿＿＿ですか。　B: ＿＿＿＿＿＿＿＿＿です。

④ 仕事 / 大変だ

➡ A: どんな＿＿＿＿＿ですか。　B: ＿＿＿＿＿＿＿＿＿です。

⑤ 物 / 便利だ

➡ A: どんな＿＿＿＿＿ですか。　B: ＿＿＿＿＿＿＿＿＿です。

2. 다음 보기와 같이 문장을 만들어 보세요.

보기

> デパートの 店員（てんいん）・ 親切（しんせつ）だ / はい、とても
>
> ➡ A: デパートの 店員（てんいん）は 親切（しんせつ）ですか。
>
> B: はい、とても 親切（しんせつ）です。

① 田中（たなか）さんの 友達（ともだち）・ ハンサムだ / はい、とても

A: ＿＿＿＿＿＿＿は＿＿＿＿＿＿＿ですか。

B: ＿＿＿＿＿＿＿＿＿＿＿＿＿＿。

② バスの 中（なか）・ 静（しず）かだ / いいえ、あまり

A: ＿＿＿＿＿＿＿は＿＿＿＿＿＿＿ですか。

B: ＿＿＿＿＿＿＿＿＿＿＿＿＿＿。

③ 明日（あした）・ 暇（ひま）だ / はい、とても

A: ＿＿＿＿＿＿＿は＿＿＿＿＿＿＿ですか。

B: ＿＿＿＿＿＿＿＿＿＿＿＿＿＿。

④ 田中（たなか）さんの 部屋（へや）・ きれいだ / いいえ、あまり

A: ＿＿＿＿＿＿＿は＿＿＿＿＿＿＿ですか。

B: ＿＿＿＿＿＿＿＿＿＿＿＿＿＿。

3. 다음 보기와 같이 문장을 만들어 보세요.

보기

この　お寺は　静かで　有名な　ところです。
(静かだ＋有名だ)

❶ ＿＿＿＿＿＿＿＿＿＿＿＿＿＿＿＿＿＿＿男の人が好きです。

(親切だ　＋　ハンサムだ)

❷ 私の　兄は　＿＿＿＿＿＿＿＿＿＿＿＿＿＿＿＿＿人です。

(スポーツが　上手だ　＋　すてきだ)

❸ 韓国の　地下鉄は　＿＿＿＿＿＿＿＿＿＿＿＿＿＿＿です。

(きれいだ　＋　便利だ)

❹ 昔、私は＿＿＿＿＿＿＿＿＿＿＿＿＿＿＿＿子供でした。

(本を　読むのが　好きだ　＋　歌が　上手だ)

4. 다음 보기와 같이 연습해 보세요.

보기

A: 地下鉄は　便利ですか。

B: はい、便利です。　いいえ、便利では　ありません。

① 中村さん / ハンサムだ / はい

➡ A: ＿＿＿＿＿＿は＿＿＿＿＿＿＿＿ですか。

B: ＿＿＿＿＿＿＿＿＿＿＿＿＿＿＿＿＿。

② 川口さん / 親切だ / はい

➡ A: ＿＿＿＿＿＿は＿＿＿＿＿＿＿＿ですか。

B: ＿＿＿＿＿＿＿＿＿＿＿＿＿＿＿＿＿。

③ ダンス / 上手だ / いいえ

➡ A: ＿＿＿＿＿＿は＿＿＿＿＿＿＿＿ですか。

B: ＿＿＿＿＿＿＿＿＿＿＿＿＿＿＿＿＿。

④ この車 / きれいだ / いいえ

➡ A: ＿＿＿＿＿＿は＿＿＿＿＿＿＿＿ですか。

B: ＿＿＿＿＿＿＿＿＿＿＿＿＿＿＿＿＿。

5 町 / 静かだ / いいえ

➥ A: __________は_____________ですか。

B: ____________________________。

memo

ゆっくり 休みたいです

望月　大学の　冬休みは　いつから　始まりますか。

パク　再来週の　土曜日からです。

望月　私と　同じですね。どこか　一緒に　遊びに　行きませんか。

パク　本当に　行きたいですね。イさんも　さそいませんか。

望月　ええ、そうしましょう。　どんな所が　いいでしょうか。

パク　そうですね。暖かい　所に　行きたいですね。

望月　早く　行って　のんびり　遊びたいですね。

パク　おいしい　シーフードと　冷たい　ビールも　ほしいですね。

望月　じゃ、サイパンは　どうですか。きれいな　海もあるし　泳げるし…

パク　あ、サイパン　いいですね。今すぐ　行きたいですね。

낱말과 표현

- **冬休(ふゆやす)み** 겨울방학
- **始(はじ)まる** 시작되다.
- **再来週(さらいしゅう)** 다다음주
- **一緒(いっしょ)に** 함께
- **遊(あそ)ぶ** 놀다
- **所(ところ)** 곳, 장소
- **暖(あたた)かい** 따뜻하다

- **のんびり** 한가로이
- **シーフード** 시푸드
- **冷(つめ)たい** 차갑다
- **ほしい** 원하다
- **泳(およ)げる** 헤엄칠 수 있다
  수영할 수 있다
- **～し～し** ～고 ～고

문법포인트　　～たい/～たがる　～ほしい/～ほしがる　～に行く

1　「～たい」 동사 ます형 ＋ たい　　　　　　　　～하고 싶다

「～하고 싶다」라는 의미인 희망의 조동사

① ご飯が 食べたい。　　　　　　　　　　　(화자의 동작의 희망)
　(밥이 먹고 싶다.)

② 今日は 疲れたので 何も したく ありません。　(부정 표현)
　(오늘은 힘들어서 아무것도 하고 싶지 않습니다.)

③ 将来 先生に なりたい 人は 10人でした。　　(명사 수식)
　(장래에 선생님이 되고 싶은 사람은 10명 이었습니다.)

④ 暑かったから、冷たい コーラが 飲みたかった。　(과거 표현)
　(더웠기 때문에 시원한 콜라를 마시고 싶었다.)

예　のどが かわきました。何か 飲みたいですね。
　(목이 마릅니다. 뭔가 마시고 싶군요.)

예　学生の 時は、早く 卒業 したかったです。
　(학생 때는 빨리 졸업하고 싶었습니다.)

예　日本に 行きたいです。
　(일본에 가고 싶습니다.)

예 週末は、どこへも 行きたく ありません。家で ゆっくり 休みたいです。

(주말에는 아무데도 가고 싶지 않습니다. 집에서 느긋하게 쉬고 싶습니다.)

2 「～たがる」 동사 ます형 + ～たがる   하고 싶어 하다

「～하고 싶어 하다」라는 의미인 희망의 조동사

『たい』에 접미어 『がる』가 접속되는 것으로 주로 제3자가 『～하고 싶을 때』에 사용한다.

※ ～を ～たがる

① 弟は 新しい スマホを 買いたがる。

(남동생은 새로운 핸드폰을 사고 싶어 한다.)

② 妹は 夏休みに 日本へ 行きたがる。

(여동생은 여름방학에 일본에 가고싶어 한다.)

③ 彼は おいしい 刺身を 食べたがる。

(그는 맛있는 생선회를 먹고 싶어 한다.)

3 「～が ほしい」　　～ 이 / 가 갖고 싶다(～를 원한다)
「～を ほしがる」　　　　～ 을 갖고 싶어 하다

예　私は お金が あまり ほしく ありません。自由が ほしいです。
(저는 돈을 별로 갖고 싶지 않습니다. 자유를 원합니다.)

예　母は 新しい かばんを ほしがって います。
(엄마는 새로운 가방을 갖고 싶어 합니다.)

예　子供の 時は、ペットが とても ほしかったです。
(어렸을 때는 애완동물이 너무 갖고 싶었습니다.)

4 [동사 ます형] + ～に 行く (帰る / 来る)
～하러 가다(돌아가다/오다)

예　どこか 遊びに 行きませんか。
(어딘가 놀러 가지 않겠습니까?)

예　おいしい おすしを 食べに 行きませんか。
(맛있는 초밥을 먹으러 가지 않겠습니까?)

예　ここへ 何を しに 来ましたか。
(여기에 무엇을 하러 왔습니까?)

연습문제

1. 다음 보기와 같이 문장을 만들어 보세요.

보기

新しい / かばん

➡ A：今、何が　ほしいですか。
B：<u>新しい　かばんが</u>　ほしいです。

1　新しい / スマホ

➡ A: 今、何が　ほしいですか。
B: ＿＿＿＿＿＿＿＿が　ほしいです。

2　暇な / 時間

➡ A: 今、何が　ほしいですか。
B: ＿＿＿＿＿＿＿＿が　ほしいです。

3　素敵な / 仕事

➡ A: 今、何が　ほしいですか。
B: ＿＿＿＿＿＿＿＿が　ほしいです。

4　きれいな / 服

➡ A: 今、何が　ほしいですか。
B: ＿＿＿＿＿＿＿＿が　ほしいです。

2. 다음 보기와 같이 문장을 만들어 보세요.

보기

パソコン

A: 子供の 頃、何が ほしかったですか。
B: パソコンが ほしかったです。

1 ぬいぐるみ

A : 子供の 頃、何が ほしかったですか。
B : ＿＿＿＿＿＿＿＿＿が ほしかったです。

2 休み

A : 子供の 頃、何が ほしかったですか。
B : ＿＿＿＿＿＿＿＿＿が ほしかったです。

3 私の 部屋

A : 子供の 頃、何が ほしかったですか。
B : ＿＿＿＿＿＿＿＿＿が ほしかったです。

4 ペット

A : 子供の 頃、何が ほしかったですか。
B : ＿＿＿＿＿＿＿＿＿が ほしかったです。

3. 다음 보기와 같이 문장을 만들어 보세요.

보기

一日中　寝る

➡ A: 休みの　日に　何が　したいですか。

B: 一日中　寝たいです。

① おいしい　物を　食べる

➡ A : 休みの　日に　何が　したいですか。

B : ＿＿＿＿＿＿＿＿＿＿＿＿＿＿＿です。

② 映画を　見る

➡ A : 休みの　日に　何が　したいですか。

B : ＿＿＿＿＿＿＿＿＿＿＿＿＿＿＿です。

③ 友達に　会う

➡ A : 休みの　日に　何が　したいですか。

B : ＿＿＿＿＿＿＿＿＿＿＿＿＿＿＿です。

④ 旅行に　行く

➡ A : 休みの　日に　何が　したいですか。

B : ＿＿＿＿＿＿＿＿＿＿＿＿＿＿＿です。

4 다음 보기와 같이 문장을 만들어 보세요.

> お昼を食べる。
>
> ➡ A: 今　お出かけですか。
>
> 　　B: はい、お昼を　食べに　行きます。

① 本を　借りる

➡ A : 今　お出かけですか。

B: はい、＿＿＿＿＿＿＿＿に　行きます。

② 友達にノートを返す

➡ A : 今　お出かけですか。

B: はい、＿＿＿＿＿＿＿＿に　行きます。

③ お金を　下ろす

➡ A : 今　お出かけですか。

B: はい、＿＿＿＿＿＿＿＿に　行きます。

④ 友達の　お見舞い

→ A：今　お出かけですか。

B：はい、＿＿＿＿＿＿＿＿に　行きます。

보기

A：留学したいですか。

B：はい、留学したいです。いいえ、留学したくないです。

① A：日本語で　話したいですか。

B：はい、＿＿＿＿＿＿＿＿。いいえ、＿＿＿＿＿＿＿＿。

② A：友達と　遊びたいですか。

B：はい、＿＿＿＿＿＿＿＿。いいえ、＿＿＿＿＿＿＿＿。

③ A：早く　家へ　帰りたいですか。

B：はい、＿＿＿＿＿＿＿＿。いいえ、＿＿＿＿＿＿＿＿。

④ A：恋人と　別れたいですか。

B：はい、＿＿＿＿＿＿＿＿。いいえ、＿＿＿＿＿＿＿＿。

⑤ A：残業したいですか。

B：はい、＿＿＿＿＿＿＿＿。いいえ、＿＿＿＿＿＿＿＿。

漢字を 書きながら 覚えてください

기본회화

<問題を 読みながら>

キム　　「次の 漢字を ひらがなで 書きなさい。」

先生、この 漢字は どう 読みますか。とても 難しいです。

先生　　「しみず」と 読みます。

キム　　問題 2の 漢字は 小さくて 読みにくいですが。

先生　　その 漢字は「きよみずでら」です。

キム　　日本語は 漢字も 多いし、読み方も 難しいですね。

先生　　毎日 漢字を 書きながら 覚えて ください。役に 立ちますから。

キム　　え! 毎日 覚えるんですか。

낱말과 표현

- 問題(もんだい) 문제
- 次(つぎ) 다음
- 漢字(かんじ) 한자
- ひらがな 히라가나
- 書(か)く 쓰다
- どう 어떻게
- とても 매우, 대단히
- 難(むずか)しい 어렵다
- ~と 読(よ)む ~라고 읽는다

- 小(ちい)さい 작다
- 読(よ)みにくい 읽기 어렵다
- 読(よ)み方(かた) 읽는 법
- 毎日(まいにち) 매일
- 覚(おぼ)えて ください 외워주세요
- 役(やく)に 立(た)つ 도움이 되다
- 동사기본형 + ~から
  ~이니까, ~이기 때문에
- 清水(しみず) 인명, 지명
- 清水寺(きよみずでら) 기요미즈데라,
  절이름

문법포인트

1   ます형 활용문법

～方	～하는 법	예 言い方
～ながら	～하면서	예 言いながら
～すぎる	너무～하다	예 言い過ぎる
～やすい	～하기 쉽다	예 言いやすい
～にくい	～하기 어렵다	예 言いにくい
～なさい	～하시오, ～하세요	예 言いなさい

2   ～で   ～로(수단·방법·도구), ～에서(장소)

예 田中さんと 日本語で 話しました。

(다나카씨와 일본어로 말했습니다.)

예 名前を カタカナで 書きました。

(이름을 가타카나로 썼습니다.)

예 家から 学校まで バスで 35分ぐらいかかります。

(집에서 학교까지 버스로 35분 정도 걸립니다.)

3 ~ます형+やすい / ~ます형+にくい
~하기 쉽다 /~하기 어렵다

예 この ボールペンは 書きやすくて いいですね。
(이 볼펜은 쓰기 쉽고 좋군요.)

예 この 問題は 難しくて わかりにくいです。
(이 문제는 어렵고 알기 힘듭니다.)

예 この 肉は かたくて 食べにくいです。
(이 고기는 질기고 먹기 힘듭니다.)

4 ~も ~し、~も　　~도 ~하고, ~도 (정중형 + し)

예 林さんは 頭も いいし、性格も いいです。
(하야시씨는 머리도 좋고 성격도 좋습니다.)

예 田中先生は ハンサムだし、声も いいです。
(다나카선생님은 잘생기시고 목소리도 좋습니다.)

예 この アパートは 部屋も 広いし、家賃も 安いから いいです。
(이 아파트는 방도 넓고 집세도 싸니까 좋습니다.)

예 空気も きれいだし 景色も いいし、山は やっぱり いいですね。
(공기도 깨끗하고 경치도 좋고 산은 역시 좋군요.)

5 ～から ～이기 때문에 (이유·원인)

예 ① 来年 日本へ 行くから 日本語を 習います。

[동사 : Ⓥ + から]

② 部屋が 汚いから 掃除を します。

[い형용사 : ～い + から]

③ ここは 交通が 便利だから いいですね。

[な형용사 : ～だ + から]

④ 今日は 休みだから、田中さんは 家に いるでしょう。

[명사 : Ⓝ だ + から]

ます형 활용문법

使う 사용하다	読む 읽다	話す 이야기하다	食べる 먹다	教える 가르치다
使い方 사용법				
使いながら 사용하면서				
使いすぎる 너무 많이 사용하다				
使いやすい 사용하기 쉽다				
使いにくい 사용하기 어렵다				
使いなさい 사용 하시오, 쓰시오				

연습문제 

1. 다음 보기와 같이 연습해 보세요.

보기

A: <u>テレビを　見ながら</u>　何を　しますか。

B: <u>テレビを　見ながら　ご飯を　食べます</u>。

---

① 音楽を　聞く　/　絵を　描く

➡ A: ＿＿＿＿＿＿＿＿＿＿＿＿＿＿＿ 何を　しますか。

B: ＿＿＿＿＿＿＿＿＿ながら＿＿＿＿＿＿＿＿ 。

② 散歩を　する　/　写真を　撮る

➡ A: ＿＿＿＿＿＿＿＿＿＿＿＿＿＿＿ 何を　しますか。

B: ＿＿＿＿＿＿＿＿＿ながら＿＿＿＿＿＿＿＿ 。

③ コーヒーを　飲む　/　新聞を　読む

➡ A: ＿＿＿＿＿＿＿＿＿＿＿＿＿＿＿ 何を　しますか。

B: ＿＿＿＿＿＿＿＿＿ながら＿＿＿＿＿＿＿＿ 。

④ 本を　見る　/　レポートを　書く

➡ A: ＿＿＿＿＿＿＿＿＿＿＿＿＿＿＿ 何を　しますか。

B: ＿＿＿＿＿＿＿＿ながら＿＿＿＿＿＿＿＿＿＿ 。

⑤ ポップコーンを　食べる　/　映画を　見る

➡ A: ＿＿＿＿＿＿＿＿＿＿＿＿＿＿＿ 何を　しますか。

B: ＿＿＿＿＿＿＿＿ながら＿＿＿＿＿＿＿＿＿＿ 。

2. 다음 보기와 같이 대화해 보세요.

보기

A:　その　テキスト　　B:　わかる・やすい

➡ A:　その　テキストは　どうですか。

B:　わかりやすいですよ。

① A:　英語の　授業　　　　　　　　　B:わかる　・　にくい

➡ A:　＿＿＿＿＿＿＿は　どうですか。

B:　＿＿＿＿＿＿＿ですよ。

② A:　その　薬　　　　　　　　　　　B:飲む　・　やすい

➡ A:　＿＿＿＿＿＿＿は　どうですか。

B: ＿＿＿＿＿＿＿＿＿＿＿ですよ。

❸ A: その　パソコン　　　　　　　B: 使<ruby>つか</ruby>う ・ にくい

➭ A: ＿＿＿＿＿＿＿＿は　どうですか。

B: ＿＿＿＿＿＿＿＿＿＿＿ですよ。

memo

プレゼントを あげます

기본회화 

田中　　それ、何ですか。すてきで きれいですね。

キム　　プレゼントです。親戚に もらいました。

田中　　お誕生日 でしたか。

キム　　はい、韓国では 60才の 時に ハンカップという お誕生の
　　　　パーテイーを します。そして プレゼントを あげます。

田中　　あ！ 日本の 還暦と 同じですね。

キム　　そうですか。日本では 何を あげますか。

田中　　お金などを あげます。

낱말과표현

- それ 그것
- プレゼント 선물
- 親戚(しんせき) 친척
- もらう 받다 (과거:もらいました)
- お誕生日(たんじょうび) 생신
- 知(し)り合(あ)い 아는 사람

- ハンカップ 환갑
- 還暦(かんれき) 환갑
- ～や ～や ～랑 ～랑
- だいたい 대체로
- 今年(ことし) 올해
- パーテイー 파티

문법포인트　授受표현 (수수표현 · 주고받는 표현)

1　〜に 〜を あげる　　　　(다른사람) 에게 〜를 주다

예　私は 妹に 辞書と きれいな カードを あげました。
(저는 여동생에게 사전과 예쁜 카드를 주었습니다.)

예　恋人に コーヒーカップを あげました。
(애인에게 커피컵을 주었습니다.)

예　私は 木村さんに バラの 花束を あげました。
(나는 기무라씨에게 장미 꽃다발을 주었습니다.)

2　〜に(から) 〜を もらう　(다른사람) 에게서 〜를 받다

예　高校生の時まで、私は 母に お小遣いを もらいました。
(고등학교 때까지, 저는 어머니에게서 용돈을 받았습니다.)

예　キムさんは 山田さんに 花束を もらいました。
(김씨는 야마다씨에게서 꽃다발을 받았습니다.)

예　大学から 奨学金を もらいました。
(대학에서 장학금을 받았습니다.)

3 ~に ~を くれる
(다른사람이 나 또는 우리 그룹)에게 ~를 주다

예 昨日、友達が (私に) お土産を くれました。

(어제, 친구가 (나에게) 기념품을 주었습니다.)

예 友達が 私の妹に 人形を くれました。

(친구가 내 여동생에게 인형을 주었습니다.)

예 木村さんは 私に お菓子を くれました。

(기무라씨는 나에게 과자를 주었습니다.)

4 우리그룹(私たち) ↔ 남(他)　　　　수수표현

예 私の 妹は 山田さんに 映画の チケットを あげました。

(나의 여동생은 야마다씨에게 영화 티켓을 주었습니다.)

예 山田さんは 私の 妹に 日本の 雑誌を くれました。

(야마다씨는 내 여동생에게 일본 잡지를 주었습니다.)

예 私の弟は 田村さんに 本を もらいました。

(나의 남동생은 타무라씨에게 책을 받았습니다.)

예 田村さんは 私の 弟に ネクタイを もらいました。

(타무라씨는 나의 남동생에게 넥타이를 받았습니다.)

5 | 남(他) ↔ 남(他)　あげる　　　　　　　　　　수수표현

예　山田（やまだ）さんは　木村（きむら）さんに　ペンを　あげました。
(야마다씨는 기무라씨에게 펜을 주었습니다.)

예　木村（きむら）さんは　山田（やまだ）さんに　シャツを　あげました。
(기무라씨는 야마다씨에게 셔츠를 주었습니다.)

연습문제

1. 다음 보기와 같이 연습해 보세요.

보기

私（わたし） → 友達（ともだち）

⮕ 私（わたし）は 友達（ともだち）に 日本語（にほんご）の 本（ほん）を　あげました。

① キム → 私（わたし） :

⮕ キムさんは 私（わたし）に 映画（えいが）のチケットを＿＿＿＿＿＿＿＿＿。

② 田中（たなか）さん → 田村（たむら）さん :

⮕ 田中（たなか）さんは 田村（たむら）さんに プレゼントを＿＿＿＿＿＿＿＿。

③ 私（わたし） → 社長（しゃちょう） :

⮕ 私（わたし）は 社長（しゃちょう）に 会議（かいぎ）の 報告書（ほうこくしょ）を＿＿＿＿＿＿＿＿＿＿。

④ 先生（せんせい） → 私（わたし） :

⮕ 先生（せんせい）は 私（わたし）に 辞書（じしょ）を＿＿＿＿＿＿＿＿＿＿＿＿。

⑤ 妹（いもうと） → ワンさん :

⮕ 妹（いもうと）は ワンさんに 花束（はなたば）を＿＿＿＿＿＿＿＿＿＿＿＿。

2. 다음 보기와 같이 연습해보세요.

보기

姉：バラの花たばは　誰が　くれましたか。
⇒ 姉が　くれました。

① 友達　：　ケーキは　誰に　もらいましたか。

⇒ ＿＿＿＿＿＿＿＿＿＿＿＿＿＿＿＿＿＿＿＿。

② 鈴木さん：　本は　誰が　くれましたか。

⇒ ＿＿＿＿＿＿＿＿＿＿＿＿＿＿＿＿＿＿＿＿。

③ 先輩　：　誰が　あなたの　お母さんに　日本の　おかしを　くれま
したか。

⇒ ＿＿＿＿＿＿＿＿＿＿＿＿＿＿＿＿＿＿＿＿。

④ 姉　：　お姉さんの　恋人は　誰に　くつを　もらいましたか。

⇒ ＿＿＿＿＿＿＿＿＿＿＿＿＿＿＿＿＿＿＿＿。

何を して いますか

山田　キムさん、ここで　何を　して　いますか。

キム　日本語の　宿題を　して　います。

山田　キムさんは　日本語を　習って　いるんですか。

キム　はい、そうです。習ってから　1年に　なりました。

山田　あー　そうですか。日本語は　なぜ　習って　いるんですか。

キム　来年の　4月に　日本へ　行くからです。

山田　留学ですか。

キム　はい、そうです。

毎日　MP3を　聞きながら　日本語の　本を　読んで　いますが、

日本語は　やっぱり　漢字が　一番　難しいですね。

山田　難しい　漢字は　私に　聞いて　ください。

キム　ありがとうございます。

낱말과표현

- 宿題(しゅくだい) 숙제
- 習(なら)う 배우다
- ～に　なる ～가 되다
- なぜ 왜
- 来年(らいねん) 내년
- 4月(しがつ) 4월
- ～へ　行(い)く ～에 가다

- 留学(りゅうがく) 유학
- MP3を　聞(き)く MP3를 듣다
- 本(ほん)を　読(よ)む 책을 읽다
- 私(わたし)に　聞(き)いて　ください
  저에게 물어 보세요

문법포인트

❀ 동사의 て형   ~하고, ~해서

		예
1그룹 동사 **(5단 동사)**	う・つ・る → って ぬ・む・ぶ → んで く → いて ぐ → いで す → して	会う → 会って 飲む → 飲んで 書く → 書いて 泳ぐ → 泳いで 話す → 話して ★ 帰る → 帰って ★ 行く → 行って
2그룹 동사 **(상1단 동사** **하1단 동사)**	る → て	見る → 見て 起きる → 起きて 食べる → 食べて 寝る → 寝て
3그룹 동사 **(カ행변격동사** **サ행변격동사)**	来る → 来て する → して	来る → 来て 勉強する → 勉強して

┃ 문형

~ています	~하고 있습니다	예	見ています
~てください	~해 주세요	예	見てください
~てから	~하고 나서	예	見てから

 ## て형 활용 연습

의미	동사	て형	의미	동사	て형
사다	買う		기다리다	待つ	
쓰다	書く		이야기하다	話す	
읽다	読む		나가다	出る	
보다	見る		하다	する	
놀다	遊ぶ		되다	なる	
걷다	歩く		죽다	死ぬ	
쉬다	休む		찍다	撮る	
먹다	食べる		가르치다	教える	
헤엄치다	泳ぐ		오다	来る	
가다	行く		부르다	呼ぶ	

의미	동사	て형	의미	동사	て형
일하다	働く		마시다	飲む	
자다	寝る		듣다	聞く	
일어나다	起きる		만들다	作る	
만나다	会う		돌아오다 (가다)	帰る	
타다	乗る		걸다	かける	
피우다, 들이마시다	吸う		씻다	洗う	
들어가다	入る		넣다	入れる	

연습문제 

> 1. 다음 보기와 같이 문장을 만들어 보세요.

보기

住所を 教える。

➡ すみません。住所を 教えて ください。

❶ ドアを 開ける

➡ すみません。＿＿＿＿＿＿＿＿＿＿＿＿＿＿＿＿＿＿＿＿。

❷ その ボールペンを 貸す

➡ すみません。＿＿＿＿＿＿＿＿＿＿＿＿＿＿＿＿＿＿＿＿。

❸ ちょっと 手伝う

➡ すみません。＿＿＿＿＿＿＿＿＿＿＿＿＿＿＿＿＿＿＿＿。

❹ 急ぐ

➡ すみません。＿＿＿＿＿＿＿＿＿＿＿＿＿＿＿＿＿＿＿＿。

❺ この かばんを 持つ

➡ すみません。＿＿＿＿＿＿＿＿＿＿＿＿＿＿＿＿＿＿＿＿。

2. 다음 보기와 같이 문장을 만들어 보세요.

보기

A : 今、何を して いますか。
B : 勉強して います。

❶ ラジオを 聞く

➡ A: 今、何を して いますか。

B: ______________________。

❷ 電話を する

➡ A: 今、何を して いますか。

B: ______________________。

❸ メールを 送る

➡ A: 今、何を して いますか。

B: ______________________。

❹ せんたく物を 干す

➡ A: 今、何を して いますか。

B: ______________________。

3. 다음 보기와 같이 연습해 보세요.

> 보기
>
> 手を洗う / ご飯を食べる
>
> ➡ A: これから 何を しますか。
>
>   B: 手を 洗って ご飯を 食べます。

❶ 地下鉄に 乗る / 会社に 行く

➡ ____。

❷ コーヒーを 飲む / 仕事を 始める

➡ ____。

❸ 友達に 会う / 食事を する

➡ ____。

❹ 家に 帰る / シャワーを 浴びる

➡ ____。

❺ 本を 読む / 寝る

➡ ____。

memo

一緒に 行っても いいですか

キム　あの、7キロ 太って しまって、運動 したいんですが、

時間が あまり ありません。

妹も したがって いますが、なかなか できません。

どうすれば いいですか。

吉田　キムさん、あそこで コーヒーを 飲んでいる 人 見えますか。

キム　あの 人は 雪子さんでしょう。

吉田　はい、雪子さんは 運動して 10キロも やせましたよ。

キム　え〜。本当ですか。うらやましいですね。

吉田　実は 私も 来週から ジムに 通う つもりですが、

一緒に 行きませんか。

キム　　それは いいですね。妹も つれて 行っても いいですか。

吉田　　もちろん!! 一緒に 頑張りましょう。

낱말과표현

- **太(ふと)る** 살찌다
- **運動(うんどう)** 운동
- **~んです** ~인데요, ~인 것입니다
- **時間(じかん)** 시간
- **妹(いもうと)** 여동생
- **~たがる** ~하고 싶어 하다
- **なかなか** 좀처럼・**見(み)える** 보이다
- **できません** 할 수 없습니다
- **もちろん** 물론　・**飲(の)む** 마시다
- **どうすれば いいですか** 어떻게 하면 좋을까요?
- **やせる** 살 빠지다
- **うらやましい** 부럽다
- **実(じつ)は** 실은
- **~でしょう** ~이죠
- **来週(らいしゅう)** 다음주
- **スポーツクラブ** 스포츠 클럽
- **~に 通(かよ)う** ~에 다니다
- **~つもり** ~할 생각(작정)
- **~ませんか** ~하지 않겠습니까?
- **つれる** 동반하다, 데리고 가다
- **頑張(がんば)る** 힘내다

문법포인트

1 [동사의 て형] ~て(で)も いいです

~해도 됩니다. ~해도 좋습니다.

예 この 電話を 借りても いいですか。

(이 전화를 빌려도 됩니까?)

예 食べて みても いいですか。

(먹어 봐도 됩니까?)

예 今度、遊びに 行っても いいですか。

(이번에 놀러가도 됩니까?)

2 [동사의 て형] ~て (で)は いけません

~해서는 안 됩니다

예 事務室で 大声を 出しては いけません。

(사무실에서 큰소리를 내서는 안 됩니다.)

예 マンションで、ペットを 飼っては いけませんか。

(아파트에서, 애완동물을 길러서는 안 됩니까?)

예 階段で 遊んでは いけませんよ。

(계단에서 놀아서는 안 됩니다.)

3 [동사의 て형] ～て(で)しまう　　　　　～해 버리다

예　今日中に　やって　しまいましょう。
(오늘 중에 해 버립시다.)

예　うっかり　忘れて　しまいました。
(깜빡 잊어 버렸습니다.)

예　今朝、寝過ごして　しまいました。
(오늘 아침, 늦잠을 자 버렸습니다.)

4 ～ つもり

동사 기본형 + つもりです　　～할 생각(작정)입니다

① ～つもり : 말하는 사람의 의지, 결심을 나타낸다. (자신의 주관적인 의지, 생각)

예　会社には　出勤する　つもりです。
(회사에는 출근할 생각입니다.)

예　今回の　試験は　かならず　合格する　つもりです。
(이번 시험은 꼭 합격할 것입니다.)

예　土曜日に　友達と　映画を　見る　つもりです。
(토요일에 친구와 영화를 볼 생각입니다.)

예 　来週から　ダイエットする　つもりです。

(다음주 부터 다이어트를 할 생각입니다.)

② ~つもり : 다른 사람의 의지나 결심을 추측하는 표현

예 　あなたは　今度の　冬休みに　北海道へ　行く　つもりですか。

(당신은 이번 겨울방학에 홋카이도에 갈 생각입니까?)

예 　7月に　日本語の　試験を　受ける　つもりです。

(7월에 일본어 시험을 칠 생각입니다.)

5 　동사 기본형 + 予定です　　　~할 예정입니다 (계획)

예 　彼は　仁川国際空港に　2時に　着く　予定です。

(그는 인천국제공항에 2시에 도착할 예정입니다.)

예 　1か月ぐらい　イギリスへ　出張する　予定です。

(1개월 정도 영국에 출장 갈 예정입니다.)

예 　汽車は　3時に　出発する　予定です。

(기차는 3시에 출발할 예정입니다.)

예 　私は　来週の　土曜日に　結婚する　予定です。

(저는 다음 주 토요일에 결혼할 예정입니다.)

■ つもり

> (동사 기본형) + つもりです　 ～ 할 생각(작정)입니다

■ 予定

> (동사 기본형) + 予定です　 ～ 할 예정입니다

연습문제 

1. 다음 보기와 같이 문장을 만들어 보세요.

> 보기
>
> 明日、会社を休む
>
> ➡ A: 明日、会社を<u>休んでも</u>いいですか。
>
> B: いいえ、<u>休んでは</u>いけません。

1 ここで写真を撮る

A: ＿＿＿＿＿＿＿＿＿＿＿＿＿＿＿＿いいですか。

B: いいえ、＿＿＿＿＿＿＿＿＿＿＿＿いけません。

2 授業中におしゃべりをする

A: ＿＿＿＿＿＿＿＿＿＿＿＿＿＿＿＿いいですか。

B: いいえ、＿＿＿＿＿＿＿＿＿＿＿＿いけません。

3 ここに座る

A: ＿＿＿＿＿＿＿＿＿＿＿＿＿＿＿＿いいですか。

B: いいえ、＿＿＿＿＿＿＿＿＿＿＿＿いけません。

4 犬を連れてくる

A: ＿＿＿＿＿＿＿＿＿＿＿＿＿＿＿いいですか。

B: いいえ、＿＿＿＿＿＿＿＿＿＿＿いけません。

5 隣に荷物を置く

A: ＿＿＿＿＿＿＿＿＿＿＿＿＿＿＿いいですか。

B: いいえ、＿＿＿＿＿＿＿＿＿＿＿いけません。

6 店の前に車を止める

A: ＿＿＿＿＿＿＿＿＿＿＿＿＿＿＿いいですか。

B: いいえ、＿＿＿＿＿＿＿＿＿＿＿いけません。

2. 다음 보기와 같이 연습해 보세요.

보기

A: いつ卒業しますか。（来年）
B: 来年、卒業する予定です。

1 4時

A: 飛行機は何時に着きますか。

B: 飛行機は ＿＿＿＿＿＿＿＿＿予定です。

❷ 9月

A: 赤ちゃんは何月生まれますか。

B: 赤ちゃんは ＿＿＿＿＿＿＿＿＿＿予定です。

❸ 4月8日

A: 旅行はいつ行きますか。

B: 旅行は ＿＿＿＿＿＿＿＿＿予定です。

❹ 7時

A: 何時に出発しますか。

B: ＿＿＿＿＿＿＿＿＿＿予定です。

3. 다음 보기와 같이 문장을 만들어 보세요.

보기

たばこをやめますか。 （来月から）

➡ 来月からやめるつもりです。

❶ 今日もお酒を飲みますか。 （これからは）

➡ いいえ、＿＿＿＿＿＿＿＿＿＿つもりです。

② 車<ruby>くるま</ruby>はいつ買<ruby>か</ruby>いますか。　(就職<ruby>しゅうしょく</ruby>してから)

➯ ＿＿＿＿＿＿＿＿＿＿＿＿＿つもりです。

③ 夏休<ruby>なつやす</ruby>みに何<ruby>なに</ruby>をしますか。　(アルバイトをする)

➯ ＿＿＿＿＿＿＿＿＿＿＿＿＿つもりです。

④ 来年<ruby>らいねん</ruby>からどこに住<ruby>す</ruby>みますか。　(学生寮<ruby>がくせいりょう</ruby>)

➯ ＿＿＿＿＿＿＿＿＿＿＿＿＿つもりです。

 **주요 조수사**

枚〈まい〉	**何枚**〈なんまい〉	一枚〈いちまい〉	二枚〈にまい〉	三枚〈さんまい〉	四枚〈よんまい〉	五枚〈ごまい〉
		六枚〈ろくまい〉	七枚〈ななまい〉	八枚〈はちまい〉	九枚〈きゅうまい〉	十枚〈じゅうまい〉

장 : 종이, 표, 우표, 셔츠 등 얇은 물건을 세는 단위

杯〈はい〉	**何杯**〈なんはい〉	一杯〈いっぱい〉	二杯〈にはい〉	三杯〈さんばい〉	四杯〈よんはい〉	五杯〈ごはい〉
		六杯〈ろっぱい〉	七杯〈ななはい〉	八杯〈はっぱい〉	九杯〈きゅうはい〉	十杯/十杯〈じゅっぱい／じっぱい〉

잔 : 잔에 들어있는 물이나 음료수 등을 세는 단위

本〈ほん〉	**何本**〈なんほん〉	一本〈いっぽん〉	二本〈にほん〉	三本〈さんぼん〉	四本〈よんほん〉	五本〈ごほん〉
		六本〈ろっぽん〉	七本〈ななほん〉	八本〈はっぽん〉	九本〈きゅうほん〉	十本〈じゅっぽん〉

개, 자루, 개피 : 연필, 나무, 우산, 담배 등의 가늘고 긴 물건을 세는 단위

個〈こ〉	**何個**〈なんこ〉	一個〈いっこ〉	二個〈にこ〉	三個〈さんこ〉	四個〈よんこ〉	五個〈ごこ〉
		六個〈ろっこ〉	七個〈ななこ〉	八個〈はっこ〉	九個〈きゅうこ〉	十個〈じゅっこ〉

개 : 개수를 세는 단위

回〈かい〉	**何回**〈なんかい〉	一回〈いっかい〉	二回〈にかい〉	三回〈さんかい〉	四回〈よんかい〉	五回〈ごかい〉
		六回〈ろっかい〉	七回〈ななかい〉	八回〈はっかい〉	九回〈きゅうかい〉	十回〈じゅっかい〉

회 : 횟수를 세는 단위

階〈かい〉	**何階**〈なんがい〉	一階〈いっかい〉	二階〈にかい〉	三階〈さんがい〉	四階〈よんかい〉	五階〈ごかい〉
		六階〈ろっかい〉	七階〈ななかい〉	八階〈はっかい〉	九階〈きゅうかい〉	十階〈じゅっかい〉

층 : 층수를 세는 단위

足 (そく) — 켤레 : 신발이나 양말 등을 세는 단위

何足 (なんそく)	一足 (いっそく)	二足 (にそく)	三足 (さんぞく)	四足 (よんそく)	五足 (ごそく)
	六足 (ろくそく)	七足 (ななそく)	八足 (はっそく)	九足 (きゅうそく)	十足 (じゅっそく)

冊 (さつ) — 권 : 책 등의 권수를 세는 단위

何冊 (なんさつ)	一冊 (いっさつ)	二冊 (にさつ)	三冊 (さんさつ)	四冊 (よんさつ)	五冊 (ごさつ)
	六冊 (ろくさつ)	七冊 (ななさつ)	八冊 (はっさつ)	九冊 (きゅうさつ)	十冊 (じゅっさつ)

人 (にん) — 명 : 사람을 세는 단위

何人 (なんにん)	一人 (ひとり)	二人 (ふたり)	三人 (さんにん)	四人 (よにん)	五人 (ごにん)
	六人 (ろくにん)	七人 (ななにん)	八人 (はちにん)	九人 (きゅうにん)	十人 (じゅうにん)

軒 (けん) — 채, 동(棟) : 집을 세는 단위

何軒 (なんげん)	一軒 (いっけん)	二軒 (にけん)	三軒 (さんげん)	四軒 (よんけん)	五軒 (ごけん)
	六軒 (ろっけん)	七軒 (ななけん)	八軒 (はっけん)	九軒 (きゅうけん)	十軒 (じゅっけん)

台 (だい) — 대 : 차, 자전거, 텔레비전 등 크고 움직일 수 있는 것을 세는 단위

何台 (なんだい)	一台 (いちだい)	二台 (にだい)	三台 (さんだい)	四台 (よんだい)	五台 (ごだい)
	六台 (ろくだい)	七台 (ななだい)	八台 (はちだい)	九台 (きゅうだい)	十台 (じゅうだい)

匹 (ひき) — 마리 : 개, 고양이, 물고기 등 일부 동물을 세는 단위

何匹 (なんびき)	一匹 (いっぴき)	二匹 (にひき)	三匹 (さんびき)	四匹 (よんひき)	五匹 (ごひき)
	六匹 (ろっぴき)	七匹 (ななひき)	八匹 (はっぴき)	九匹 (きゅうひき)	十匹／十匹 (じゅっぴき／じっぴき)

歳 (さい) — 살, 세 : 나이를 세는 단위 ※ 20살 20歳(はたち)

何歳 (なんさい)	一歳 (いっさい)	二歳 (にさい)	三歳 (さんさい)	四歳 (よんさい)	五歳 (ごさい)
	六歳 (ろくさい)	七歳 (ななさい)	八歳 (はっさい)	九歳 (きゅうさい)	十歳 (じゅっさい)

メガネを かけて います

木村　イさん、すみませんが、わたしの 代わりに 空港へ 行って

　　　きませんか。

イ　　いいですけど、どうしてですか。

木村　日本から 友達が 来るんですが、わたしは 今日、

　　　ちょっと 急用が できて…。

イ　　ええ、いいですよ。それで、どんな 人ですか。

木村　名前は 小林信子、女性です。髪が 長くて、背が 高くて とても

　　　痩せて います。 それから、メガネを かけて います。

イ　　メガネを かけている、髪は ストレートにしている。服装は。

木村　青い ワンピースを　着て、白い 靴を　はいて います。

　　　彼女の 写真が 机の上に 置いて ありますので…。

イ　　あー 写真が ありますか。助かります。

木村　すみません。お願いします。

날 말 과 표 현

- 代(か)わりに　대신에
- 空港(くうこう)　공항
- 急用(きゅうよう)　급한 볼일
- どんな　어떤
- 名前(なまえ)　이름
- 痩(や)せる　마르다
- メガネ　안경
- かける　걸다, 쓰다
- ストレート　스트레이트

- 服装(ふくそう)　복장
- ワンピース　원피스
- 白(しろ)い　하얗다
- 靴(くつ)　구두
- はく　(양말·신발을)신다, (바지·치마를)입다↔「脱(ぬ)ぐ」(벗다)
- 助(たす)かる　도움이 되다
- 髪(かみ)　머리카락

문법포인트  자동사와 타동사에 대해서

1 자동사란?

동작이나 작용이 자발적으로 행하여 지는 것으로 그 말만으로 충분히 주어의 동작을 나타낼 수 있다.

2 타동사란?

동작이나 작용이 자신이 아닌 다른 사물에 영향을 미치는 것으로 그 말만으로는 주어의   동작을 나타낼 수가 없다.

3 자동사 · 타동사 문법

① ～が + 자동사 + ている (진행·상태)
② ～を + 타동사 + ている (진행·상태)
③ ～が + 타동사 + てある (상태)

(1) ～が + 자동사 + ている

※ 말하는 사람이 눈앞의 상태를 단지 사실 그대로 표현하는 경우 또는 의

도성이 없는 경우에 쓰인다.

예 風が 吹いて いる。 (진행)
(바람이 불고 있다.)

예 ドアが 開いて います。 (상태)
(문이 열려 있습니다.)

예 電気が ついて います。 (상태)
(불이 켜져 있습니다.)

② ~を + 타동사 + ている

예 窓を 開けて いる。 (진행)
(창문을 열고 있다.)

예 電気を つけて いる。 (진행)
(불을 켜고 있다.)

예 しわを 伸ばして いる。 (진행)
(주름을 펴고 있다.)

예 服を 着て いる。 (상태)
(옷을 입고 있다)

③ ~が + 타동사 + てある

※「누군가에 의해」그런 상태로 되어져 있다는 의도적인 행위를 나타낸다.

예 ドアが あけて あります。　　　　　　　　　(상태)
(문이 열려 있습니다.)

예 電気が つけて あります。　　　　　　　　　(상태)
(불이 켜져 있습니다.)

예 花が きれいに 生けて あります。　　　　　(상태)
(꽃이 예쁘게 꽂혀 있습니다.)

외워두면 참 편리해요

　항상 「～ている」형으로만 사용되는 동사의 종류로, 이 경우의 「～ている」
는 진행이 아니라 상태를 나타낸다.
　따라서 일반적으로 「～하고 있다」로 해석하지 않고 「～하다, ～이다」로 해
석 한다.

そびえる	우뚝 솟다	そびえている
やせる	마르다	やせている
まがる	구부러지다	まがっている
すぐれる	뛰어나다	すぐれている
知る	알다	知っている
覚える	외우다	覚えている
似る	닮다	似ている
持つ	들다	持っている
住む	살다	住んでいる

▌ 자동사, 타동사 단어

자동사	타동사	자동사	타동사
開く 열리다	→ 開ける 열다	変わる 바뀌다	→ 変える 바꾸다
閉まる 닫히다	→ 閉める 닫다	上がる 올라가다	→ 上げる 올리다
かかる 걸리다	→ かける 걸다	始まる 시작되다	→ 始める 시작하다
入る 들어가다	→ 入れる 넣다	伝わる 전해지다	→ 伝える 전하다
つく 켜지다	→ つける 켜다	曲がる 굽다, 돌다	→ 曲げる 굽히다
集まる 모이다	→ 集める 모으다	出る 나오다	→ 出す 내다
並ぶ 진열되다	→ 並べる 진열하다	起きる 일어나다	→ 起こす 깨우다
終わる 끝나다	→ 終える 끝내다	落ちる 떨어지다	→ 落とす 떨어뜨리다

자동사	타동사	자동사	타동사
止まる 서다	止める 세우다	消える 꺼지다	消す 끄다
決まる 결정되다	決める 결정하다	沸く 끓다	沸かす 끓이다
移る 옮겨지다	移す 옮기다	進む 진전되다	進める 진척시키다
流れる 흐르다	流す 흐르게하다	通る 지나가다	通す 통과시키다
増える 늘다	増やす 늘리다	助かる 구해지다, 살아나다	助ける 구하다, 살리다
上がる 오르다	上げる 올리다	壊れる 고장나다	壊す 고장나버리다, 부수다

연습문제

1. 다음 보기와 같이 문장을 만들어 보세요.

보기

かべに　<u>スケジュール表が</u>　はって　あります。

① かべに　カレンダー　/　かける

➡ ＿＿＿＿＿＿＿＿＿＿＿＿＿＿＿＿＿＿＿＿。

② 机の上に　雑誌　/　おく

➡ ＿＿＿＿＿＿＿＿＿＿＿＿＿＿＿＿＿＿＿＿。

③ 本棚に　辞典　/　並べる

➡ ＿＿＿＿＿＿＿＿＿＿＿＿＿＿＿＿＿＿＿＿。

④ 棚に　コップ　/　しまう

➡ ＿＿＿＿＿＿＿＿＿＿＿＿＿＿＿＿＿＿＿＿。

2. 다음 보기와 같이 문장을 만들어 보세요.

보기

いすが　壊(こわ)れて　います。

❶ 本(ほん) / 破(やぶ)れる

➜ ____ 。

❷ 皿(さら) / ひびが　入(はい)る

➜ ____ 。

❸ 窓(まど) / 閉(し)まる

➜ ____ 。

❹ 財布(さいふ) / 落(お)ちる

➜ ____ 。

3. 다음 보기와 같이 타동사문을 자동사문으로 바꿔보세요.

보기

お金（かね）を　おとして　います。
➡ お金（かね）が　おちて　います。

❶ 世界（せかい）の　切手（きって）を　集（あつ）めて　います。

➡ 世界（せかい）の　切手（きって）＿＿＿＿＿＿＿＿＿＿＿＿＿＿＿＿＿＿。

❷ スイカを　冷（ひ）やして　います。

➡ スイカ＿＿＿＿＿＿＿＿＿＿＿＿＿＿＿＿＿＿＿。

❸ お湯（ゆ）を　沸（わ）かして　います。

➡ お湯（ゆ）＿＿＿＿＿＿＿＿＿＿＿＿＿＿＿＿＿＿＿。

❹ テレビを　つけて　います。

➡ テレビ＿＿＿＿＿＿＿＿＿＿＿＿＿＿＿＿＿＿＿。

日本へ 行った ことが ありますか

パク　　キムさんは 渋谷へ 行った ことが ありますか。

キム　　はい、3年前に 行った ことが あります。

パク　　渋谷駅へ 行って みましたか。

　　　　駅の 前に ある ハチ公の 銅像が 有名です。

キム　　そうなんですか。知りませんでした。

　　　　今度 行く 時、行って みます。

パク　　ハチも 見た 方が いいし、渋谷駅の 前に おいしい

　　　　おすし屋さんでおすしを 食べた 方が いいですよ。

キム　　はい、そうします。ところで、日本へ 行った 時、

　　　　私は 日本語の 勉強を 始めたばかりだったので、

日本語(にほんご)で 話(はな)すのが 難(むずか)しかったんです。

パク　そうですか。最初(さいしょ)は、簡単(かんたん)な 会話(かいわ)の 表現(ひょうげん)ぐらいは

　　　勉強(べんきょう)して おいた 方(ほう)が いいですね。

낱말과 표현

- 駅(えき) 역
- 銅像(どうぞう) 동상
- 有名(ゆうめい) 유명
- 知(し)りませんでした 몰랐습니다
- 今度(こんど) 이번
- ところで 그런데
- ～た 時(とき) ～했을 때
- ～たばかり 갓 ～하다, 막 ～하다

- 話(はな)す 이야기 하다
- 難(むずか)しい 어렵다
- 最初(さいしょ) 최초, 맨 처음
- 簡単(かんたん)な 간단한
- 会話(かいわ) 회화
- 表現(ひょうげん) 표현
- ～ぐらい ～정도
- ～ておく ～해 두다

문법포인트

동사의 た형 　　　　　　　　～했다.

1그룹 동사 (5단 동사)	う・つ・る → った ぬ・む・ぶ → んだ く → いた ぐ → いだ す → した	例　会う → 会った 飲む → 飲んだ 書く → 書いた 泳ぐ → 泳いだ 話す → 話した ★ 帰る → 帰った ★ 行く → 行った
2그룹 동사 (상1단 동사 하1단 동사)	る → た	見る → 見た 起きる → 起きた 食べる → 食べた 寝る → 寝た
3그룹 동사 (力행변격동사 サ행변격동사)	来る → 来た する → した	来る → 来た 勉強する → 勉強した

연습문제 

1. 다음 보기와 같이 연습해 보세요.

보기

A: 日本に 行った ことが ありますか。

B: はい、行った ことが あります。

　　いいえ、行った ことが ありません。

❶ 日本の ドラマを 見る

A: ＿＿＿＿＿＿＿ことが ありますか。

B: はい、＿＿＿＿＿＿＿＿＿＿。

❷ 納豆を 食べる

A: ＿＿＿＿＿＿＿ことが ありますか。

B: いいえ、＿＿＿＿＿＿＿＿＿＿。

❸ 日本語を 習う

A: ＿＿＿＿＿＿＿ことが ありますか。

B: はい、＿＿＿＿＿＿＿＿＿＿。

④ 電車の 中で 居眠りする

A: ＿＿＿＿＿＿＿＿ことが ありますか。

B: いいえ、＿＿＿＿＿＿＿＿＿＿＿＿＿。

2. 다음 보기와 같이 연습해 보세요.

보기

病院へ 行く

⟹ 病院へ 行った 方が いいです。

① ゆっくり 休む

→ ＿＿＿＿＿＿＿＿＿＿＿＿＿＿＿＿＿。

② 薬を 飲む

→ ＿＿＿＿＿＿＿＿＿＿＿＿＿＿＿＿＿。

③ 先に 単語を 覚える

→ ＿＿＿＿＿＿＿＿＿＿＿＿＿＿＿＿＿。

memo

6時に 起きなければ なりません

기본회화

木村　川口 さん、入学　おめでとうございます。

川口　ありがとうございます。でも、ちょっと　心配です。

木村　どうして　心配なんですか。

川口　毎朝、6時に　出なければ　なりません。

木村　え～、早いですね。土曜日も　大学へ　行きますか。

川口　いいえ、土曜日は　行かなくても　いいです。

木村　うちの　大学は　土曜日も　行かなければ　なりません。

　　　サークル活動に　行かなければ　なりません。

川口　それは　たいへんですね。週末は　ゆっくり　できませんね。

木村　そうですね。川口 さん、授業は　いつからですか。

川口　来週からです。

木村　じゃ、遅れないで　くださいね。

낱말과 표현

- **入学(にゅうがく)** 입학
- **おめでとうございます** 축하합니다
- **でも** 하지만, 그렇지만
- **ちょっと 心配(しんぱい)です** 좀 걱정입니다
- **どうして** 어째서, 왜
- **毎朝(まいあさ)** 매일 아침

- **早(はや)い** 이르다, 빠르다
- **活動(かつどう)** 활동
- **週末(しゅうまつ)** 주말
- **ゆっくりできる** 푹 쉴 수 있다 (ゆっくりする 푹 쉬다)
- **授業(じゅぎょう)** 수업
- **遅(おく)れる** 늦다

문법포인트

1 동사의 ない형 (동사의 부정형)

┃ 동사의 ない형이란 부정의 조동사 **ない**에 접속하기 위한 동사의 형태를 말합니다.

1그룹 동사 −u → −aない	いく ↓ いかない	およぐ ↓ およがない	はなす ↓ はなさない	まつ ↓ またない	しぬ ↓ しなない
	あそぶ ↓ あそばない	のむ ↓ のまない	とる ↓ とらない	*すう ↓ すわない	*ある ↓ <u>ない</u>
2그룹 동사 −る → −xない	みる ↓ みない	たべる ↓ たべない	わすれる ↓ わすれない	すてる ↓ すてない	いる ↓ いない
3그룹 동사	くる → こない する → しない		うんてんする → うんてんしない でんわする → でんわしない		

2 [동사 ない형] + ~ないで ください　~하지 마세요

예　約束の　時間に　遅れないで　ください。

(약속 시간에 늦지 마세요.)

예　ここで　写真を　撮らないで　ください。

(여기에서 사진을 찍지 말아주세요.)

3　[동사 ない형] + ～ないで、～하지　않고(열거, 나열)

예　いつも　朝ごはんを　食べないで、家を　出ます。

(항상 아침밥을 먹지 않고 집을 나옵니다.)

예　山田さんは　宿題は　しないで　遊んで　います。

(야마다씨는 숙제는 하지 않고 놀고 있습니다.)

4　[동사 ない형] + ～なくて　～하지 않아서(이유, 원인)

예　今朝、ご飯を　食べなくて、おなかが　すきます。

(오늘 아침밥을 먹지 않아서 배가 고픕니다.)

예　昨日は　バスが　なかなか　来なくて、学校に　遅れました。

(어제는 버스가 좀처럼 오지 않아서　학교에 늦었습니다.)

---

5 **[동사 ない형] + なければ なりません ~하지 않으면 안 됩니다**
(なければ いけません) ~해야 됩니다

예 明日までに 出さなければ なりません。

(내일까지 제출하지 않으면 안 됩니다.) (제출해야 됩니다.)

예 雨の日は 道が 込みますから、いつもより 早く家を出なければ なりません。

(비오는 날은 길이 막히니까 평소보다 일찍 집을 나서지 않으면 안 됩니다.) (나서야 합니다.)

예 7時までに 着かなければ いけません。

(7시까지 도착하지 않으면 안 됩니다.) (도착해야 됩니다.)

---

6 **[동사 ない형] + なくても いいです ~하지 않아도 됩니다**

예 とても 辛いですから、無理して 全部 食べなくても いいですよ。

(너무 매우니까 무리해서 다 먹지 않아도 됩니다.)

예 まだ 時間が ありますから、そんなに 急がなくても いいです。

(아직 시간이 있으니까 그렇게 서두르지 않아도 됩니다.)

예 明日は バイトに こなくても いいです。

(내일은 아르바이트에 오지 않아도 됩니다.)

부정형 활용 연습

의미	동사	ない形	의미	동사	ない形
사다	買う		기다리다	待つ	
쓰다	書く		이야기하다	話す	
읽다	読む		나가다	出る	
보다	見る		하다	する	
놀다	遊ぶ		되다	なる	
걷다	歩く		죽다	死ぬ	
쉬다	休む		찍다	撮る	
먹다	食べる		가르치다	教える	

의미	동사	ない형	의미	동사	ない형
헤엄치다	泳ぐ		오다	来る	
가다	行く		부르다	呼ぶ	
일하다	働く		마시다	飲む	
자다	寝る		듣다	聞く	
일어나다	起きる		만들다	作る	
만나다	会う		돌아오다 (가다)	帰る	
타다	乗る		걸다	かける	
피우다, 빨다	吸う		씻다	洗う	
들어가다	入る		넣다	入れる	

연습문제

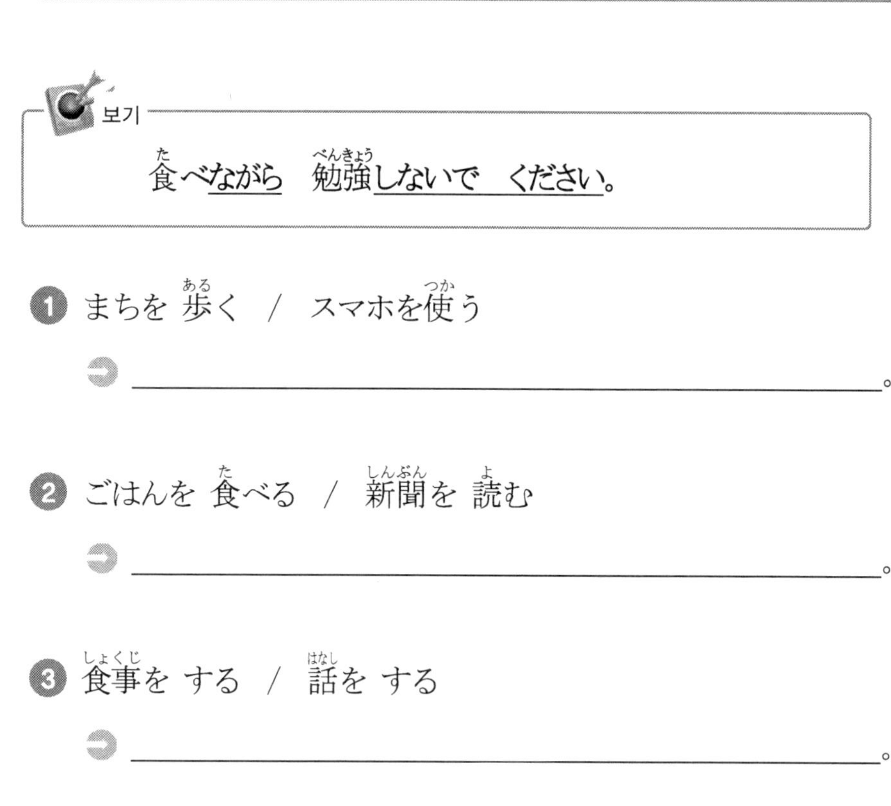

1. 다음 보기와 같이 문장을 만들어 보세요.

보기

食(た)べながら　勉強(べんきょう)しないで　ください。

❶ まちを 歩(ある)く　/　スマホを使(つか)う

➾ ____。

❷ ごはんを 食(た)べる　/　新聞(しんぶん)を 読(よ)む

➾ ____。

❸ 食事(しょくじ)を する　/　話(はなし)を する

➾ ____。

2. 다음 보기와 같이 연습해 보세요.

보기

会(あ)う　➾　会(あ)わない

❶ 行(い)く ➾ __________　　❷ 話(はな)す ➾ __________

③ 降る ➩ __________   ④ 始める ➩ __________

⑤ 歌う ➩ __________   ⑥ 見る ➩ __________

⑦ 歩く ➩ __________   ⑧ 来る ➩ __________

⑨ する ➩ __________   ⑩ 送る ➩ __________

3. 다음 보기와 같이 연습해 보세요.

보기

禁煙室ですから、ここで タバコを 吸わないで ください。

❶ 図書館 / ここで 寝る

➩ __________ ですから、__________________。

❷ これは 秘密 / 他の人に 話す

➩ __________ ですから、__________________。

❸ 授業中 / いたずらを する

➩ __________ ですから、__________________。

④ 寒い ／ 窓を 開ける

⮑ ＿＿＿＿＿＿＿＿ですから、＿＿＿＿＿＿＿＿＿＿＿＿＿。

4. 다음 보기와 같이 연습해 보세요.

> 보기
>
> 英語で 書かなければなりませんか。
> ⮑ はい、英語で書かなければなりません。
> ⮑ いいえ、英語で 書かなくても いいです。

① 朝早く 起きなければなりませんか。

⮑ はい、＿＿＿＿＿＿＿＿＿＿＿＿＿＿＿＿＿＿＿＿＿。

② 全部 食べなければなりませんか。

⮑ いいえ、＿＿＿＿＿＿＿＿＿＿＿＿＿＿＿＿＿＿＿。

③ すぐ 返さなければなりませんか。

⮑ はい、＿＿＿＿＿＿＿＿＿＿＿＿＿＿＿＿＿＿＿＿。

④ レストランを予約しなければなりませんか。

⮑ いいえ、＿＿＿＿＿＿＿＿＿＿＿＿＿＿＿＿＿＿＿。

5. 다음 보기와 같이 연습해 보세요.

보기

図書館では　静にします。
➡ 図書館では　静にしなければ　なりません。

❶ 日本語を　勉強するには、まずひらがなを　覚えます。

➡ ＿＿＿＿＿＿＿＿＿＿＿＿＿＿＿＿＿＿＿＿＿＿＿＿。

❷ 上手に　なるには、毎日　練習します。

➡ ＿＿＿＿＿＿＿＿＿＿＿＿＿＿＿＿＿＿＿＿＿＿＿＿。

❸ 会社に　行くには、電車に乗ります。

➡ ＿＿＿＿＿＿＿＿＿＿＿＿＿＿＿＿＿＿＿＿＿＿＿＿。

❹ 約束は　必ず　守ります。

➡ ＿＿＿＿＿＿＿＿＿＿＿＿＿＿＿＿＿＿＿＿＿＿＿＿。

이윤진(李侖珍)

시즈오카켄리츠대학(靜岡縣立大學)국제관계학부 일본언어문화학과 졸업
한국외국어대학교 교육대학원 일본어교육학 석사
한국외국어대학교 대학원 일어일문학과 문학박사

(전) 한국외국어대학교 외래교수
(현) 서일대학 비즈니스일본어과 겸임교수
(현) 엔디에스코리아 대표
(현) NHK어학원 원장
(현) 學校法人電子學園 한국사무소 소장
저서 『NEW SUCCESS 비즈니스일본어』

송경주(宋敬珠)

경희대학교 일본어학과 문학석사
경희대학교 일본어학과 문학박사수료

(현) 경희대학교 일본어학과 겸임교수
(현) 서일대학 비즈니스일본어과 외래교수
(현) 엔디에스코리아 이사
저서 『NEW JPT 한권으로 끝내기 450/600/800』

もりもり 일본어 | 1

초판 1쇄 발행　2018년 02월 28일
초판 2쇄 발행　2024년 07월 19일

저　　자　이윤진 · 송경주
발 행 인　윤석현
발 행 처　제이앤씨
책임편집　최인노
등록번호　제7-220호

우편주소　⒰ 01370 서울시 도봉구 우이천로 353
대표전화　02) 992 / 3253
전　　송　02) 991 / 1285
홈페이지　http://www.jncbms.co.kr
전자우편　jncbook@hanmail.net

ⓒ 이윤진 · 송경주 2024 Printed in KOREA

ISBN 979-11-5917-094-2　13730　　　　　　정가 13,000원